이동인 글모음

東仁雜文選

白山書堂

자서(自序): 잡가(雜家)의 변(辯)

　나의 아내 嚴貴德은 나를 잡가(雜家)라 한다. 유종원(柳宗元, 河東)의 수필, 「종수곽탁타전(種樹郭橐駝傳)」에 나오는 곱사등이 정원사(庭園師)가 탁타(橐駝, 곧 낙타駱駝)라는 별명을 매우 합당하게 여겼듯이 (본문 교육론, 「교육은 미래다」 참조), 나는 '잡가'라는 호칭을 매우 탐탁하게 여긴다. '잡가'란 무엇인가? '이것·저것 관심은 많지만 아무런 성취도 이루지 못한 자' 아닌가? 그것은 정녕 '나'다. [물론 춘추전국시대의 '잡가(雜家)'를 가리키는 말은 아니다.]

　그 잡가가 이번에 정년퇴직을 한다. 나의 퇴직은 내가 속한(속했던) 조직(학교)에 인원(교원) 한 명이 사라지거나 바뀌는 일에 불과하지만, 정작 당사자에게는 의미심장한 일이 아닐 수 없다. 바야흐로, 일과 조직으로부터 구애됨이 없는, 완전히 자유로운 새로운 삶이 막 열리려는 것이다.

　퇴임이 인생의 중요한 전기(轉機)이기에 나는 그동안 찔끔찔끔 써두었던 글을 모아서 책 한권을 만들려고 한다. 잡가가 쓴 글이기에 책이름은 '동인잡문선(東仁雜文選)'이 좋을 듯하다. 줄여서 '동문선(東

文選)'이라 하고 싶지만 사가(四佳) 서거정(徐居正)선생에게 큰 결례(缺禮)가 될 것이 뻔하다. 이 책은 무엇보다도 나 자신을 위한 것이다. 문체(文體)는 곧 사람이라는데, 글은 그것을 쓴 사람의 제반 특성을 담고 있다. 나는 나의 글을 통해서 나 자신의 삶의 모습을 돌아보고자 하는 것이다.

퇴임에 즈음해서 직장생활에서 벗이 되어주었던 여러 분들에게 감사한다. 그리고 재미없는 강의를 참고 들어준 학생들에게 감사함과 미안함을 표한다.

간행(刊行)에 즈음해서 기꺼이 이 잡문집을 출판해 준 백산서당(白山書堂)의 임직원 여러분께, 특히 金哲美 사장에게 감사한다. 서문을 써준 李浩成·鄭善基 박사에게 사의(謝意)를 표하며, 특히 교정과 편집을 맡아준 安水英 박사·柳知延 선생에게 감사하며, 도표를 수정해 준 李抒盈 조교에게도 감사의 뜻을 전한다. 그리고 누구라도 이 책을 조금이라도 읽어준다면 나는 그에게 감사한다.

2014. 3. 20
青岡書齋에서
李東仁 識

서(序)

처음 이동인 선생님과 함께 음식점에 간 사람은 식탁 앞에 앉자마자 이미 잘 세팅된 밥상을 다시 정리하는 선생님의 모습을 보고서 이상하게 생각하거나 당혹감을 느낄 것이다. 선생님은 환경을 생각해서 종이 한 장이라도 헛되게 버려서는 안 된다며 수저 밑에 깔아두었던 종이를 집어 종업원에게 돌려준다. 선생님은 20여 년 전이나 지금이나 한결같이 그렇게 하신다. 선생님이 식당에서 이렇게 **빼놓은** 종이가 지금까지 나무 한두 그루는 살리지 않았을까하는 생각을 해 본다. 선생님은 일상적이고 섬세한 실천가다.

언젠가 선생님은 자신이 쓴 글에 대해 설명하면서 글은 사람을 죽이기도 하고 살리기도 한다면서 당신은 사람을 살리는 글을 쓰고자 한다는 말씀을 하셨다. 남의 어려움을 그대로 두지 못하고 구제하기 위해, 혹은 잘못된 것을 바로잡기 위해 쓰는 글이 사람을 살리는 글이라면, 남을 비방하거나 괴롭히기 위해 쓰는 글은 사람을 죽이는 글이다. 사람을 살리는 글은 사람을 사랑하는 글이다. 아울러 용기 있는 글은 세상을 살리기도 한다.

원고를 접하여 그때 말씀하셨던 '사람을 살리는 글'에 대한 선생님의 철학과 마음을 다시금 헤아려보았다. 선생님의 관심이 온갖 세상사에 미치고 그 표현이 마음가는대로 자유로워 잡문이라고 이름 붙였으나, 염려하고 연민하며 세상의 안녕을 바라는 섬세한 문장들은 사람과 세상을 살리고자하는 희원(希願)의 글이다.

희로애락이 교차된 교단을 떠나 거칠 것 없는 자유인으로 새롭게 시작하는 선생님께서 이제 그 무엇에도 구애됨 없는 진정한 '잡가(雜家)'의 길을 열어, 뒤따르는 우리들에게도 남은 길이 그리 어둡지만은 않다는 것을 몸소 보여주시기를 기대한다.

2014년 봄날에
제자 이호성·정선기 씀

東仁雜文選 / 차례

자서(自序): 잡가(雜家)의 변(辯) · 3
서(序) / 이호성 · 정선기 · 5

서(書)

東信에게 · 12

논(論)

문자론: 光化門과 광화문 · 54
소외론: 유교의 소외론 — 자기 자신에 대해 주인이 되어야 · 57
반전론 (1): 팔루자, 팔루자..... · 61
반전론 (2): 전쟁은 미친 짓이다. · 64
반전론 (3): 이참에 우리도 침략자의 대열에…! · 67
반전론 (4): 현실의 법정과 마음의 법정 · 71
반전론 (5): 침략전쟁과 역사바로세우기 · 75
작명론): 누가 이름을 짓는가? · 78
통일론: 통일, 잃어버린 화두(話頭) · 81
교육론: 교육은 미래다 · 84
환경론(1): 환경, 2005년의 희망 · 87

환경론(2): 곡(哭), 조국강산 · 91
환경론(3): 행담도에 가려진 것 · 95
환경론(4): 쇠똥의 슬기 · 98
환경론(5): 성장괴담(成長怪談) · 100
생사론: 변화하는 장례문화 · 103
정치론: 국민의식과 사회개혁 · 107
농업론: 국책사업과 농촌 살리기 · 112
인권론: 한류, 욘사마, 싸리난, 아크프나르 … · 115
반폭력론: 서울에 온 검투사 · 119

설(說)

1등 하는 사회 · 124
'즐거움'(樂)에 관하여 · 127
그해 여름은 잔인하였네(용담댐이야기) · 131
한 뼘 땅도 나의 소유물일 수 없다 · 133
그래 가끔은 하늘을 보자 · 134
취미와 인생 · 135
독서는 사색의 적(敵) · 138
술과 인생 · 140
단상(斷想) 2제(題) · 143
맥주 속에 道가 있다. (길 위의 斷想) · 145
계룡산 은선폭포에서 · 146
창조와 파괴 · 148

전(傳)

사랑, 평화, 향수(鄕愁) 나의 스승 宋根永 선생님 평전(評傳) · 152

기(記)

기(記)(1): 양구기(養狗記)

강아지 타미의 성장일기 1 · 160
강아지 타미의 성장일기 2 · 162
강아지 타미의 성장일기 3 · 166
강아지 찌의 세상기행: 못생겨서 죄송한 강아지 · 168
요가하는 강아지: 똥이생각 · 171
시 짓는 강아지 · 178
강아지 까미가 지었다는 시 · 179
강아지에게 『논어』 가르치기(小狗論語) · 180

기(記)(2): 여행기(旅行記) · 182

미국(하와이) · 182
미국(本土) · 195
멕시코 · 196
뉴질란드 · 197
중 국 · 198

시(詩)

    태산(泰山) · 204

    황산(黃山) · 205

    투르판송년(吐魯番送年) · 206

    신년희비(新年喜悲) · 207

    돈황(敦煌) · 208

    고성낙타(古城駱駝) · 209

    내장산설중시(內藏山雪中枾) · 210

    자작반전시 (自作反戰詩) · 211

부록(附錄)

    부록(1): 외국어 글 · 214

    부록(2): 술 이야기 · 222

      알콜중독-현실도피에 대한 동양사상적 진단과 대응 · 222

    부록(3): 자필휘호(自筆揮毫) · 237

    편집후기 · 240

付(書)

東信에게1)

1

　사람이 살고 있는 모습을 가만히 보고 있노라면 그는 언제나 －요람에서 무덤까지 － 두 가지 상황에 부딪치고 있는 것을 발견하게 된다. 즉 그 한 가지는 그 사람 본인의 의지(意志)에 관계없이 그에게 부여되는 상황이요, 또 한 가지는 사람의 의지로써 결정하고 행동해 나아가는 상황이다. 비근(卑近)한 예(例)를 들어 설명한다면 내가 대한민국이라는 유서(由緖) 깊은 나라에, 육십년대 초기에, 아버지, 어머니의 셋째 아들로 태어났다 함은 나의 의지와 관계없이 나에게 부여된 상황이요, 내가 부모님께 효도하고, 조카들을 사랑하고, 공부를

---

1) 東信은 나의 아우다. 1975년 봄 나는 국군마산통합병원에 입원해 있었는데 이때 아우 東信을 위해서 장문(長文)의 편지를 썼다. 불행히도 아우는 1984년 12월, 25세의 나이로 일찍 세상을 등졌다.

열심히 하는 것은 나의 의지로써 결정하고 행동해 나아가는 상황이다. 우리는 이 두 가지 상황 중 전자(前者)를 소극적(消極的) 또는 수동적(受動的) 상황, 후자(後者)를 적극적(積極的) 또는 능동적(能動的) 상황이라도 이름 지어도 좋다.

소극적 · 수동적 상황 : 나의 의지에 관계없이 나에게 **부여된 상황**
적극적 · 능동적 상황 : 의지로써 결정하고 행동해 나아가는 상황

이 평범한 사실에서 우리는 실로 "인간다움"의 특성 ─인간은 여타의 만유(萬有)와 어떻게 구분이 되는가─를 발견하게 된다. 개, 돼지, 나무, 돌, 심지어 별과 달 까지도 자신(自身)의 의지로써 결정하고 행동해 나아가지 않는다. 오직 인간만이 수동적 · 능동적 상황을 모두 가지며, 인간은 그의 의지로써 결정하고 행동해 나아가는 그만큼 자유로운 것이다.

그러면, 사람이 산다(살고 있다)는 사실은 무엇인가? 나의 견해로는 산다는 것은 무엇인가를 실현(實現─現實化)하는 과정이다. 무엇을 실현하느냐? 우리가 타고난 바를 실현한다. 인간은 여러 가지 가능성 내지 잠재능력(소질─潛勢態, potentiality)을 지닌 채 세상에 태어난다. 그것을 현실 내지 현실태(現實態─actuality)로 만드는 과정이 곧 인생이라는 말이다.

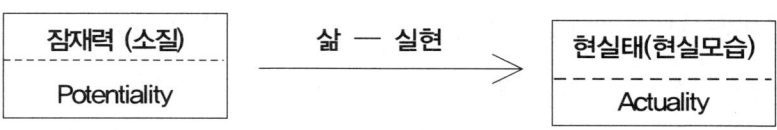

여기 한 아이가 있다. 그는 이 사회에서 교육받고 또 스스로 노력함에 따라 음악가가 될 수도, 의사가 될 수도, 정치가가 될 수도 있는 잠재능력이 있다. 과연 그는 열심히 공부하고 노력해서 훌륭한 의사가 되었다. 그의 잠재능력은 이러한 방향으로 실현된 것이다. 반면 그에게 좋은 환경과 기회가 주어졌지만 본인이 게으르고 환락(歡樂)에 골몰(汨沒)하여 결국 아무도 그를 좋아하지 않는 건달이 되었다면 ― 그의 잠재능력은 또 다른 방향으로 실현된 것이다. 이 두 가지 경우에 주위의 사람들은 이 사람을 평(評)하여 무엇이라고 할까? 전자(前者)의 경우엔 그를 칭송(稱頌)할 것이고 후자(後者)의 경우엔 그를 비난(非難)할 것이다. 아니 자기 스스로는 자신(自身)을 어떻게 평(評)할까? 그의 인생의 마지막 페이지를 넘기는 날 전자(前者)의 경우엔 (자신이 보람 있고 성실한 삶을 살았다는 뜻에서) 만족스러운 웃음을 웃을 것이요, 후자의 경우엔 심히 괴로울 것이다. 왜 칭송받고 만족해하며, 왜 비난받고 괴로워할까?

그가 타고난 재질(才質)과 가정환경, 그의 부모가 점했던 사회적 지위(선천적인 것들) 때문일까? 아니다. 그가 그의 잠재능력을 실현하기 위하여 생전에 기울인 노력과 가졌던 마음가짐 때문인 것이다(능동적 상황). 내가 재주 있음을 자랑할 것도 없고 재주가 없다고 해서 부끄러워할 것도 없다. 집안이 윤택하고 유복하다고 해서 교만해서는 안 되고 가난하다고 해서 비굴해서는 안 된다. 그러나 내가 타고난 능력을 실현시키기 위해 심혈(心血)을 기울여 진력(盡力) 하였음은 진실로 자랑스럽게 여길 것이요, 내가 나에게 주어진 시간을 허송(虛送)하여 타고난 능력을 실현시키기 위한 응분(應分)의 노력(努力)을 기울이지 못하였음은 진실로 부끄럽게 여길 만하다. 설령 노력이 없이 우연(偶然)히 세속적(世俗的) 성공을 거두었다 해도 그 인생은 역시 부끄러운 것이요, 최선의 노력을 기울였으되 별다른 성과(成果)를 거두지 못하였다 해도 그 인생은 역시 값진 것이다.

왤까? 무릇 개인이 타고난 재능, 태어난 가정환경 등의 제반 선천적 조건(先天的 條件)과 그때의 사회상(社會相), 시대상(時代相) 등은 개인의 의지와 관계없이 부여된 상황(수동적 상황)이기에 개인은 여기에서 선택의 권리와 자유를 가지지 아니하고 따라서 책임이 없다. 오직 개인이 타고난 능력을 성취(成就-實現)하기 위하여 개인이 기울이는 노력은 개인의 의지로써 결정하고 행동해 나아가는 상황이기 때문에 개인은 여기에서 선택의 권리와 자유를 가지는 것이며 자유는 필연적으로 책임을 수반(隨伴)하는 것이다.2)

---

2) 그리고 어떤 人生의 가치(價値)와 선부(善否: 좋음과 좋지 않음)에 관한 평가(評價)는 그가 자신의 잠재능력을 유감없이 발휘함으로써 그의 人生을 아름답고 존귀(尊貴)한 것으로 만드는, 자신(自身)에 대한 責任을 얼마나 잘 이행(履行)했는가에 관해서 내려져야 하는 것이다.

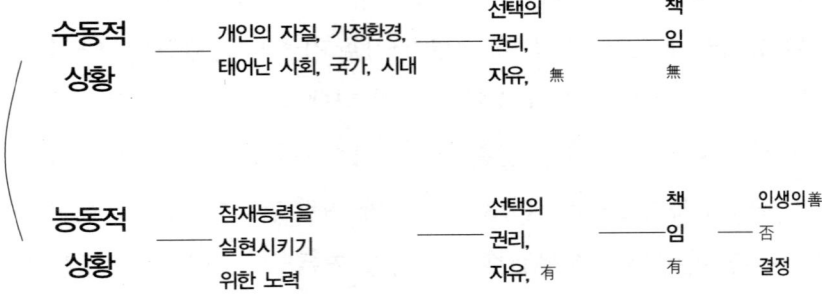

2

    참된, 값있는 인생이란 인간에게 주어진 잠재능력을 십분(十分) 발휘하여 그로부터 최선(最善)의 열매를 맺는 삶이라고 정의(定義)할 때 그것을 밑받침해주는 중요한 요소가 공부(工夫)임을 알아야겠다. 인간이 타고난 능력을 씨앗이라고 할 때 공부는 그의 교우(交友), 환경 등과 더불어, 씨앗을 움트고 자라고 꽃 피우고 열매 맺게 하는 흙(土壤)이요, 물이요, 비료(肥料)요, 공기요, 햇볕(日光)인 것이다.

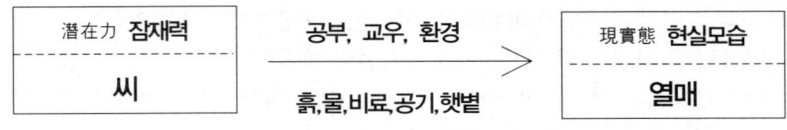

만인이 그 아름다움을 상 줄 훌륭한 열매를 맺을 씨앗도 보드라운 흙에 뿌려져서 적당한 수분(水分)과 영양과 온도를 공급받지 못하면 빈 쭉정이 열매조차도 맺지 못하는 것처럼 천부(天賦)의 자질이 있는 사람도 잘 교육받고 부지런히 공부하고 열심히 노력하지 않으면 훌륭한 사람이 될 수 없는 것이다. 오죽해야 T. A. 에디슨은 말하기를 "천재는 99%의 노력이요 1%의 영감(靈感)이다"라고 했으랴!

값있는 인생을 살기 위한, 잠재능력을 유감없이 발휘하기 위한, 수단으로서 공부(工夫)에는 두 가지가 있음을 생각할 수 있다. 그 하나는 올바른 인간이 되기 위한 도덕적인 수양(道德的 修養)이요, 다른 하나는 능력 있는 인간이 되기 위한 학술적 도야(學術的陶冶)이다. 도덕적 수양(德育)은 원만(圓滿)한 인격체(人格體)가 되기 위한 노력이고, 학술적 도야 －지육(知育)－는 사회의 한 구성원으로서 사회에 기여하고 사회생활에 참여할 수 있는 능력을 갖추기 위한 노력으로서 전자(前者)는 학교교육과 무관(無關)하게 평생(平生) 계속 되는 데 반해서 후자(後者)는 대개의 경우 학교교육의 종결(終結)과 함께 일단 그치고 마는 것이 특징이라고 하겠다.

공부 ─────── 잠재능력 발휘를 위한 수단
    도덕적 수양 ─ 德育   올바른 인간이 됨~ 평생계속
  ─ 학술적 도야 ─知育─ 능력있는 인간이 됨 ~ 학교교육과 함께 일단 그침

값있는 인생, 보람 있는 삶을 위하여 공부가 가지는 의미는 중차대(重且大)한 것이라고 하겠거니와 공부는 인간으로 하여금 수천 수만년 동안 인류가 걸어온 발자취를, 겪어온 체험을, 숙고해온 사상을 알게 해주며 우리가 디디고 서 있는 문화적인 밑받침(토대)을 형성해 주는 것이다. 우리는 선대(先代)의 인류가 우리에게 남기고 간 문화적, 사상적 유산(文化的・思想的 遺産)을 공부함으로써 습득하고 그 토대(土臺, 밑받침) 위에 우리의 조그맣지만 알찬 노력을 추가하는 것이다. 우리의 공부가 부실하면 우리의 토대도 흔들릴 것이요 그 위에 어떠한 건축도 불가능할 것임을 쉽사리 짐작할 수 있다.

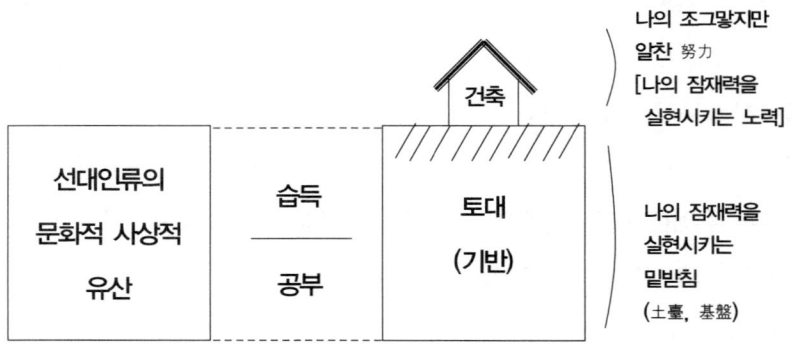

내가 하는 어떠한 공부도, 학교에서 배우는 어떠한 학과(學科)도 선인(先人)들의 사상과 행적을 나에게 전달해 주는 것이 아님이 없음에, 공부를 통하여 고금의 성현, 철학자, 과학자, 시인, 예술가 등의 사상을 접하는 기쁨 또한 큰 것이다. 교과서는 동서고금의 가장 뛰어

난 철학자, 과학자, 시인, 예술가 등의 업적의 정화(精華)만을 차곡차곡 담고 있고 학교는 그것을 계획적으로, 조직적으로, 조리 있고 질서 있게 나에게 전달해 주기 위한 기관이며, 선생님은 그 친절한 인도자(引導者)이다. 나보다 먼저 깨우친 사람(先覺), 뛰어난 철학자, 과학자, 예술가의 마음과 나의 마음이 만나서 마음과 마음이 교류(交流)될 때에 내 눈을 덮었던 안개가 걷히고 눈앞의 지평선(地平線)이 활짝 넓어지고 내 마음은 기쁨에 뛰노나니 공부의 진정한 즐거움은 바로 여기에 있는 것이다.

    위인의 생애는 우리에게 일러 준다
    우리도 숭고한 삶을 살 수 있다고,
    그리고 떠난 뒤에 시간의 모래밭에
    우리 또한 발자취를 남길 수 있다고.

    Live of great men all remind us.
    We can make our lives sublime,
    And, departing, leave behind us
    Footprints on the sands of time;

— H. W. Longfellow, *A Psalm of Life*

진실로 공부가 아니면 나는 언제까지나 몽매한 어린 아이이며 수동적 상황에서 평생을 마치는 금수(禽獸)·초목(草木)과 같다. 공부를 통하여 나는 참 사람이 되고, 인류문화에 참여·기여하고 적극적·능동적 상황의 폭을 넓혀 가는 것이다.

3

　　인간의 선·불선(善·不善)을 가늠하고 人生의 가치를 평가하는 기준이 인간의 노력 ─능동적 상황─에 있다고 해서 인간이 살아가는 환경─수동적 상황─이 중요하지 않다는 것은 아니다. 예수께서,

> 비유로 여러 가지를 저희에게 말씀하여 가라사대
> 씨를 뿌리는 자가 뿌리러 나가서
> 뿌릴 새 더러는 길가에 떨어짐에 새들이 와서 먹어 버렸고
> 더러는 흙이 얇은 돌밭에 떨어짐에 흙이 깊지 아니하므로
> 곧 새싹이 나오나 해가 돋은 후에 타(져)서
> 뿌리가 없으므로 말랐고
> 더러는 가시떨기 위에 떨어짐에 가시가 자라서 기운을 막았고
> 더러는 좋은 땅에 떨어짐에 혹 백 배, 혹 육십배, 혹 삼십배의
> 결실을 하였느니라.
> 　　　　　　　　　　　　　　　　　- 마태복음13 : ⅲ~ⅷ

씨 seed	길 가 路	→	새(鳥)가 먹음
	돌 밭	→	싹은 텄지만 말라죽음 枯死
	가시덤불	→	가시나무에 쳐서 못 자람
	좋은 땅	→	백배, 수십배의 아름다운 결실

라고 하심은 진리의 말씀을 들어도 그것을 준행(遵行, 拳拳服膺)하지 않으면 하늘나라에 이를 수 없음을 역설하신 것이지만 이 이야기는 또한 우리에게 환경의 중요성을 우화적(寓話的)으로 알려주고 있다. 과연 내가 백년쯤만 앞서서 태어났어도 전자이론의 단편(斷片)도 접해 보지 못했을 것이요, 아프리카의 오지(奧地)에 태어났으면 야수(野獸) 사냥과 토테미즘(totemism) 신앙(信仰)엔 익숙했을지언정 공맹(孔孟)의 인의도덕(仁義道德)에 관해선 일자무식(一字無識)이었을 것이요, 십여년전(十餘年前) 월남(越南)에 태어났다면 피다 만 꽃봉오리를 다 못 피운 채 전화(戰火)의 소용돌이 속에 사라져 갔을지도 모른다.

다시 눈을 들어 주위(周圍)를 살펴보자. 얼마나 많은 사람들이 각양각색(各樣各色)의 삶을 영위하고 있는지를, 새벽 네 시, 만인이 잠든 서울거리의 고요함(靜寂)을 깨고 리어카를 끌고 스산한 걸음걸이로 집을 나서는 청소부, 몇 푼 안 되는 월급으로 가족을 돕기 위해 멀리 집을 떠나서 볕 안 들고 먼지 많은 방직공장에서 젊음을 바치는 여공, 山비탈 몇 뙘 안 되는 밭 다래기에 온 식구의 생계를 걸고 있는 농부, 붉은 등(燈) 침침한 분위기 속에 손님의 주흥(酒興)을 돋굼으로써 생활비를 버는 악사(樂士), 분필 한 자루가 평생을 걸친 생활수단의 전부인 교원, 짜증은 나지만 그래도 안정된 소시민이 되어가는 회사원, 그리고 밤낮 우청(雨晴)·한난(寒暖)없이 방아쇠에 댄 손가락을 긴장시키고 주변을 경계하는 전방(前方)의 병사(兵士) ……등, 또 나의 친구들은 어떠한가? 일찍 부모를 잃고 국민학교만을 근근이 나온 사랑에 굶주린 갑돌이, 국민학교를 중퇴하고 철공장에서 주물

(鑄物)일을 익히는 철수, 신문을 팔아서 자기의 학비를 조달하고, 그렇기 때문에 학교에서 늘 조는 꾸벅이, 국민학교는 일등으로 나왔지만 가정형편상 중학교는 진작 포기하고 버스안내원으로 나선 을순이, 집은 부유하지만 부모가 항시 나가 있는 통에 나쁜 친구와 사귀고 드디어 깡패의 핵심멤버가 된 차돌이, 편모슬하 어려운 살림이지만 열심히 공부해서 전교 수석을 놓치지 않는 범생이, 유복한 가정에서 또한 착실히 공부하고 배우는 복돌이…. 아아, 이상향(理想鄕, 유토피아 Utopia)이 아닌 우리의 현실세계는 누구에게나 그가 타고난 재능과 소질을 온전히 발휘할 수 있도록 환경과 여건을 베풀어져 있는 것이 아니다. 청소부의 딸이 음악에 재능과 취미가 있다고 해서 과연 고액의 수업료와 레슨비를 부담해서 음악가로 대성할 수 있을 것이며, 낙도(落島) 영세(零細) 어민(漁民)의 자제가 두뇌명석(頭腦明晳)하고 심사・호학(深思・好學)한다 해서 위대한 과학자가 될 수 있을지 지극히 의문시된다. 내가 노력하여 나 하고 싶은 바를 하고 나의 타고 난 바(잠재능력 potentiality)를 함양육성(涵養育成)하는 데에 장애물을 가지지 아니한 이는 그 복됨을 알아야 한다. 사람은 누구나 미지(未知)의 것에 대한 호기심과 학문에 대한 동경심이 있는 것 ― 어쩌다 그 기회를 잃은 이에게 공부의 기회를 제공해 보라. 밤을 낮삼아 공부하여 몰랐던 것을 알게 된 유열(愉悅)에 빠지는 자가 적지 않을 것이다. 이 점을 냉철히 생각할 때 무릇 공부할 기회에 접한 이는 심신의 열성을 다하여 공부함이 도리일 줄 안다.

환경이 인생의 가치와 선・불선(善・不善)를 판가름하는 관건(關鍵

키 key)이 아니라고 해서 그것을 무시하라는 말이 아니다. 아니, 오히려 우리는 주어진 환경과 여건을 百퍼센트 이용하고 가장 효율적으로 활용할 줄을 알아야겠다. 주어진 환경을 가장 효율적으로 이용함으로써 자기가 갈 수 있는 최선의 길을 가고 자기가 될 수 있는 최선의 인물(가장 훌륭한 인물)이 되어야 한다. 대개 좋은 환경 속에서 태어나고 자라고 살아간다는 것은 타인('나'를 제외한 전인류)으로부터 더욱 많은 혜택을 받는 것을 의미한다. 더욱 많은 혜택을 입은 이는 더욱 많은 혜택을 타인에게 베풀어야 할 것임은 이치의 당연한 바요, 남에게 많은 혜택을(은혜를) 베푸는 이가 바로 훌륭한 사람이다. 그러기에 사람은 주어진 환경을 가장 효율적으로 이용하여 훌륭한 사람, 즉 타인에게 많은 은혜(혜택)를 끼치는 사람이 됨으로써 자기가 받은 큰 은혜에 보답하여야 한다.

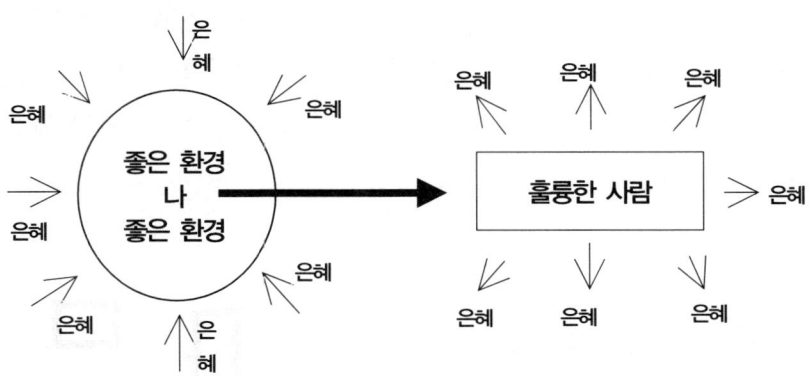

4

 이제 잠시 앞의 이야기를 떠나서 "시간"(時間 <韓·中>, time<英> temps<佛>, Zeit<獨>, время(vriemya)<露>, tempus<羅典>)에 관해서 생각해 보자. 시간 — 그것은 퍽 오랫동안 철학자들의 사색(思索)의 대상이었는 듯 하거니와 아직도 풀리지 않고 있는 수수께끼의 하나이기도 하다. 여하튼 일찍이 孔子께서 흐르는 물(川)을 보시고 탄식하여 말씀하시기를 "간다는 것은 이와 같고녀! (逝者如斯夫)"라 하심은 일월성신(日月星辰)의 끊임없는 운행과 삼라만상(森羅萬象)의 간단(間斷) 없는 변화에 대한 경이(驚異)의 표현으로 풀이되거니와 시간이 없으면 어떤 운행(運行)과 변화도 생각할 수 없고 또 시간은 반드시 변화를 수반(隨伴)한다. 물이 한번 흘러가면 다시 돌아오지 않듯이 흘러간 시간 또한 돌아오는 것이 아니기에, 흐르는 물이 끊임없는 변화를 상징하듯 시간 또한 끊임없는 변화를 의미하는 것이기에, 흔히 사람들은 유수(流水)같은 세월이라고 하고 세월(시간)이 '흐른다'(마치 물처럼)고 말해왔다.

*

 그러면 시간이 인생에 대하여 가지는 의미는 무엇일까? 시간은 우리 인생에 대하여 어떤 의미가 있는 것일까? 그보다 앞서서 우리의 평균적인 인생 육칠십년은 저 우주의 광활(廣闊)·유구(悠久)함에 비추어 얼마나 짧은 것일까? 아니면 여남은 시간을 살다가는 하루살이, 한해 가을을 곱다랗게 수놓다가 하루아침 찬 서리에 어여쁘게 시들어간 코스모스, 이른 아침 풀잎위에 영롱(玲瓏)히 반짝이다가 솟는 해와 함께 승화(昇華)한 이슬방울에 비하면 얼마나 긴 것이냐? 아니 인간(*Homo sapiens*)이라는 유기체(有機體, organism)에게는 육칠십년이란 기간이 누리기에(享有하기에) 가장 적합한 세월이기에 조물주가 평균 육칠십년을 부여(賦與)한 것을…

아니다. 그 길고 짧은 것을 가지고 시간의 의미를 말하려 하지 않는다. 시간 그 자체는 인생에 어떤 의미가 있는가?

시간은 어쩌면 "生의 증거(證據)"이다. 사람의 生과 死 사이엔 어떤 차별(差別)이 있는 것일까? 일정한 (지속<持續 durée>을 가지는) 시간이 있을 뿐이다.

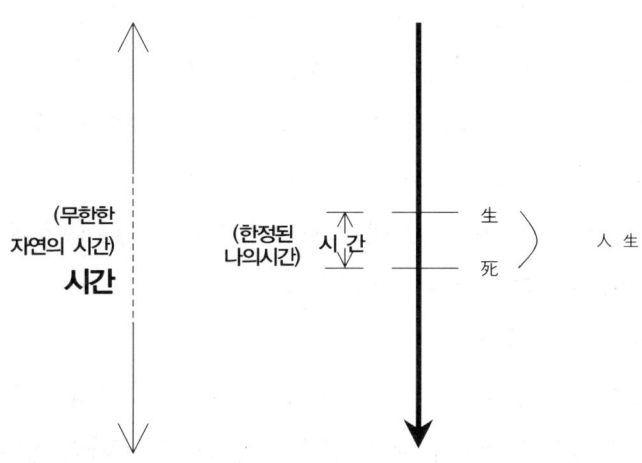

무한한 시간의 흐름 가운데서 내가 누리는 단편(斷片)의 시간이 아니면 나의 살아있음을 증명할 수가 없다. 시간은 삶의 증거이자 곧 생명이다. 생명을 경외(敬畏)하고 인생에 경건(敬虔)한 이들이 시간을 소중히 여기는 이유가 바로 여기에 있는 것이다.

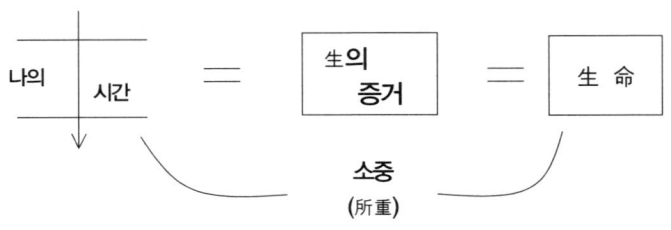

인간은 시간 앞에서 엄숙하다.
시간은 만인(萬人)에게 공평무사(公平無私)하다.

나의 생명을 소중히 여기는 사람은 나의 시간을 함부로 허송(虛送)할 수 없다. 주어진 시간을 쓸데없는 잡기(雜技)와 비속한 이야기로 소모함으로써 나의 생명을 더럽혀서는 안 된다. 주어진 시간에 씩씩하게 운동해서 몸을 기르고 어진 친구와 사귐으로써 덕(德)을 기르고 열심히 공부함으로써 훗날 내가 세상에 더욱 큰 공헌(貢獻)을 할 기틀을 닦아야 한다. 그것이 "우리의 생명을 고귀하게 만드는(make our live sublime)" 길이다.

나의 한 시간은 너의 한 시간과 같이 60분이다. 나의 하루는 너의 하루와 같이 24시간이다. 내가 친구와 잡담하고 조카와 장난하느라고 오늘 할 일을 많이 못했다고 해서 한 시간이 80분이 되고 하루가 27시간이 되는 것이 아니다. 내가 어제 네 시간 걸렸던 것을 오늘은 두 시간에 했다고 해서 하루가 두 시간 짧아지는 것이 아니다. 시간은 무정(無情)하다. 시간은 사정(私情)두지 않는다. 시간은 가차(假借) 없다. 그것을 빠르다, 늦다 여기는 것은 사람의 마음일 뿐이다.

시간은 무정(無情)하지만 그것은 또한 자비롭다. 내가 주어진 시간에 무엇을 하려고 하면시간은 그것을 막지 않는다. 하여 나는 주어진 시간에 나의 심신의 노력을 쏟아 시간을 모태(母胎)로 하여 보람 있는 것을 창조할 수 있다. 시간은 내가 그것에 이끌려가는 동안엔(수동적 상황으로서 사간은) 나에게 허무(虛無)를 안겨줄 뿐이지만 내가 나의 의지와 행동으로써 시간을 잘 활용한다면(능동적 상황으로서 시간은) 실로 갖가지 위대한 창조(創造)의 산물(産物)을 나에게 남겨주는 것이다.

내가 주어진 시간을 아무 생각 없이 되는 대로 헛되이 보낸다면 나는 시간의 노예(奴隷)이며 나의 시간은 곧 개·돼지의 시간이다. 개·돼지에게도 아무 생각 없이 되는대로 헛되이 보낼 수동적 상황으로서 시간은 주어져있다. 내가 주어진 시간을 나의 의지(意志)가 명(命)하는 바에 따라서 창조적으로 활용했을 때에 나는 시간의 주인이며 나의 시간은 참 사람의 시간이다. 시간을 자기의 의지에 굴종(屈從)시키는 능동적 상황으로서 시간은 인간만이 누리는 특권이다. 그럼에도 불구하고 자기의 의지에 따라서 적극적으로 시간을 이용할 것을 포기한 채 수동적으로 헛되이 자기의 시간, 곧 생명을 마모(磨耗)시키는 것으로 만족하는 사람은 기실 인간의 탈을 쓴 금수(禽獸)에 불과한 것이다.

세월(시간)이 인간에게 주는 느낌은 대개의 경우 늦다고 하기보다는 빠르다는 것이요, 기회는 포착하기 쉽다고 하기 보다는 어렵다는 것이었다. 그러기에 우리에게 훨씬 더 인생에 대해 경건하고 진지하였던 옛 사람들조차도 세월의 빠름과 기회의 쉬이 사라져 감을 종종

노래하였다. 주자(朱子)가

  소년은 쉬이 늙고 배움은 이루기 어렵나니   少年易老學難成
  일촌광음3)도 가벼이 여길 수 없다.   一寸光陰不可輕

고 하고, 또 어떤 시인이,

  하루에 두 아침 있기 어렵고   一月難再晨
  청년(젊음)은 두 번 다시 오지 않는 것   靑年不重來

이라고 읊은 것은 모두 다 그러한 심정을 우리에게 전해주는 것이라 하겠다. 주자(朱子)같은 총명(聰明)과 호학(好學)으로도 시간은 그가 뜻한 바를 실천하기에 너무나 짧고 빨랐던 것이다.

 그렇다. 사물·인사(事物·人事)에 모두 다 때(時)가 있고 세월은 나를 위해 기다려 주지 않는 것(歲不我延). 봄에 싹트고 여름에 꽃피어 가을의 아름다운 결실(結實)을 준비하지 않고서 한 알의 향기로운 사과를 맺을 수 있을까?

 겨울철 양지 바른 언덕아래 때 아닌 개나리가 살포시 폈다 해도 불과 며칠 후의 눈보라에 형적(形迹)도 없이 사라져 버린다. 개나리는 봄을 맞아 피어야지 꽃도 크고, 곱고, 오래간다.

 봄에 가지 벋고 꽃피우지 못한 포도가지는 여름에 열매 맺지 못한다. 설령 여름 늦게 때 아닌 꽃을 피웠다 하더라도 그 열매는 먹을

---

3) 그늘이 한 치를 지나는 짧은 동안

수 없게 작고, 시다. 그런 나무 가지는 꺾어서 "풀무 불에 집어넣을 것이다(And shall cast them into a furnace of fire)."

　우리의 인생도 이와 같다. 어려서 젖을 열심히 먹지 아니한 아이는 커서도 허약할 것이요, 똑바로 앉고 서는 동작(動作)과 자세(姿勢)를 익히지 아니한 아이는 커서도 꾸부정한 허리를 하고 뒤뚝뒤뚝 걷고 있을 것이다. 그러기에 젖 잘 먹고 잠 잘 자는 아기가 착한 아기요 쾌활하고 잘 뛰어노는 아동이 착한 아동이다. 젖먹이에게 지금 당장 심부름 잘 하고 책 잘 읽을 것을 기대하는 부모는 없을 것이며, 중학생이 그저 잘 먹고 잘 잔다는 것만으로 그를 칭찬하고 만족스럽게 여기는 부모도 없을 것이다. 사물에 때가 있듯이 인생에도 때가 있다. 인간에게는 그때그때에 하여야 할 일이 주어지는 것이다. 봄의 잎과 여름의 꽃이 가을의 열매를 위한 준비이듯이 젊은 시절의 노력(努力)과 연마(鍊磨)는 어른이 되어서 좀 더 훌륭한 사람(남에게 더욱 큰 은혜를 베푸는 사람)이 되기 위한 준비인 것이다. 봄·여름 잘 자라고 꽃 피워서 가을에 아름다운 열매를 맺으면 그 기쁨이 크듯이 나의 청년시절을 각근(恪勤)하게 연마·축적(鍊磨·蓄積)하여 후일에 훌륭한 사람, 타인이 정말로 사랑하고 존경하는 인물이 된다면 그 기쁨이 매우 큰 것이다. 반대로 봄·여름을 잘못지내서 꽃과 열매가 부실한 나무는 그 슬픔이 큰 것이며, 나의 청년시절을 망탕도일(茫蕩渡日)하여 빈 쭉정이와 잡초 같은 인생을 마친 사람의 슬픔 또한 큰 것이다. 거기에 열매 없는 가지와 잡초 같은 인생의 후회와 한탄이 무슨 소용이 있으랴!

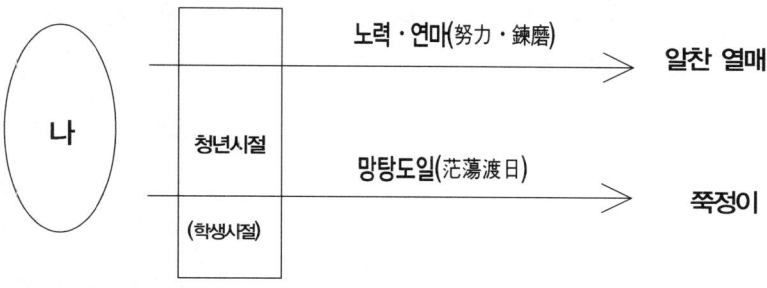

　우리의 공부는 어떠한가? 대저(大抵) 초등교육에서 고등교육까지 소요년을 16년으로 잡건대, 그 16년이란 세월은 너무나 긴 것일까? 아니 지식인류(Homo sapiens) 십이만년을 거쳐 축적된 지식을 담기에는 너무나 짧은 것이다. 사람이 사물을 어느 정도 분별할 능력을 갖춘 후 세상사(世上事) 여러 가지에 휩싸이지 않고 공부할 수 있는 기간은 그리 긴 것이 아니다. 그리고 그 기간을 결코, 나라는 존재가 두 번 태어나지 않는 한, 다시 오는 것이 아니다. 결코, 결코, 결코…. 내가 나이 먹어 부모의 보살핌에서 벗어나 자립하게 되면 나는 나의 생계를 벌어야 한다. 또 언젠가 부터는, 부모님께서 나의 형제자매를 위하여 그러셨던 것처럼 나도 식구들을 위하여 생활비를 벌고 그들을 돌보아야 한다. 나의 기억력은 점차 향상된다고 하기 보다는 감퇴한다. 시력(視力)도 마찬가지다. 무엇보다도 가족과 사회에 대한 의무를 다 하다보면 공부할 수 있는 시간이 없게 된다. 또 이미 나를 가르쳐 줄 스승도 없고 모르는 문제를 함께 연구할 친구도 없다. 그러기에 내가 지금 당면하고 있는 학생시절은 자칫 소홀히 보내기 쉽지만 사실은 매우 중요한 시기임을 알아야겠다. 내가 맺을 열매가 알찬 것이 될지, 쭉정이가 될지가 학생시절에 많이 좌우되는 것이다.

*

시간이 세상만물에 대해서 변화를 의미함은 인간에게 대해서도 예외가 아니다.

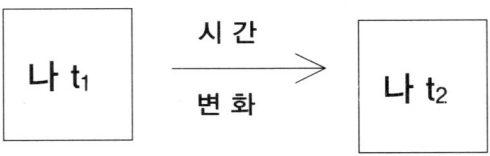

지금의 '나'는 국민학교 시절의 '나'가 아니다. 이 점을 잘 생각해 본다면 어제의 '나'가 오늘의 '나'가 아님을 알 수 있다. 만약 어제의 '나'가 오늘의 ''나라면 그저께의 '나'도 오늘의 '나'요, 아가 시절의 '나'도 오늘의 '나'일 것이다. 갓난아이와 노인이 같다는 소리가 된다.

그러나 생각해 보면 아가 시절의 나도 나요, 오늘의 나도 나요, 고등학교 시절의 나도 나일 것이다. 이처럼 시간은 나를 변화시키는 가운데에서도 변화하지 않는 그 무엇을 남겨두는 것이다. 오늘의 나는 어제의 나가 아니지만 오늘의 나는 어제의 나의 진정한 계승자이다. 오늘의 나 속에 어제의 나는 면면(綿綿)히 이어져 내려오는 것이다.

시간이 나에게 가져다주는 변화는 두 가지로 나누어 생각 할 수 있을 것이다. 그 하나는 육체적 변화이니 내가 매달 이발소에 가는 것, 작년에 입던 옷이 올해는 못 입게 되는 것, 아이가 자라 어른이 되고 검은 머리가 흰 백발이 되는 것이 그 류(類)다.

또 하나는 정신적 변화이니 어제 몰랐던 것을 오늘 알게 되고 어제 어렸을 때 희미(熹微)했던 사물·인사(事物·人事)에 관한 지식이 날이 감에 따라 더욱 선명하게 머리 속에 들어서는 것이 그 류(類)이다. 신체적 변화는 거의가 다 수동적 상황이므로 우리가 더 주의해야 할 사항은 능동적 상황인 정신적 변화이다.

정신적 변화에는 향상(向上)적인 것(＋)과 퇴행(退行)적인 것(－)이 있다.

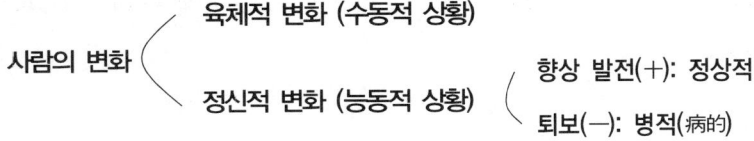

사람이 커감에 따라서 정신적으로 향상 발전하는 것은 정상적인 것이요 퇴보하는 것은 병적인 것이다. 내가 학교 시절엔 부모님 말씀도 잘 듣고, 웅지(雄志)를 품고 열심히 공부했는데 학교를 마친 후엔 허랑방탕하여 뒤죽박죽 산다면 이는 퇴행적(退行的) 변화다. 이러한 퇴행적 변화가 아닌 향상적(向上的) 변화라면 우리는 이를 기피(忌避)할 필요가 없음은 물론 오히려 적극적으로 이런 변화를 몸에 옮겨 실천해야 한다. 그렇게 함으로써 오늘의 나가 어제의 나와 다르다는 것이 오늘, 나는 어제보다 그만큼 항상 발전했다는 것을 의미하도록 해야 한다. 그래서 나는 나날이 새로워져야 하며 날로 그 묵은 때를 벗어버리고 덕(德)을 더해 가야 하는 것이다.

이러한 견지에서 공부란 나의 향상적 변화(向上的變化)의 길잡이요 촉진제(促進劑)다. 공부에 관한 한 가지 정의(definition)는 "선인(先人)의 말씀과 행적을 많이 앎으로써 나의 덕(德)을 쌓는 것"이다. 나는 공부를 통하여 지나간 말씀과 행동을 많이 알게 되고 그것을 나의 것으로 섭취하여 나의 덕(德)을 쌓았으니 오늘의 나는 이미 어제의 나가 아니다. 마찬가지로 내일은 오늘보다, 모레는 내일보다 향상·발전할 것이다. 이렇게 해서 나는 나의 노력과 공부를 통하여 나의 생명이 다 할 때까지 끊임없이 덕(德)을 쌓고 기른다 — 이것이 동양인(東洋人)의 사고(思考)에서 전통을 이루어 온 공부에 관한 권위있는 정의이다.

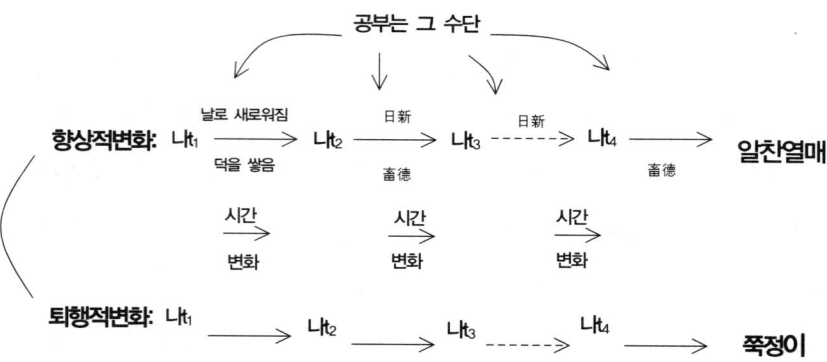

향상적 변화의 결과는 훌륭한 사람, 보람 있는 인생, 사람다운 사람임에 비하여 퇴행적 변화의 결과는 쭉정이, 잡초 같은 인생, 짐승 같은 사람임은 두말할 나위도 없다.

향상적 변화가 이처럼 중요한 것임에 우리가 적극적으로 이를 몸에 옮겨 실천해야 함은 앞서 말한 바와 같다. 이러한 변화를 도모하고자 옛 사람은 매일 같이 세 가지 일로 자신(自身)을 반성하였으며 맹자(孟子)는 누가 자기 잘못을 말해 주면 기뻐하며 즉시 고치고(향상적 변화), 자기가 고치기 전에 다른 말을 들을까 걱정하던 자로(子路 : 공자제자)를 진정한 용기의 소유자(所有者)라고 인정했다. 잘못을 짓는 것이 인간이거니와 (Errare est humanum; To err is human) 그 잘못을 즉시 고치는 것이 참된 용기요, 잘못을 두 번 짓지 않는 것(不貳過)은 서기호(庶幾乎, 거의) 성인(聖人)의 경지(境地)라고 하겠다.

5

나의 잠재능력을 유감없이 함양계발(涵養啓發)하여 훌륭하고 존귀(尊貴)한 나를 만들기 위해서 절대로 필요한 것이 나 자신에 대한 성실성(誠實性)이다. "오직 천하의 지극한 정성이야 나의 본성을 다 발휘할 수 있는 것이다."(唯天下至誠 爲能盡其性)

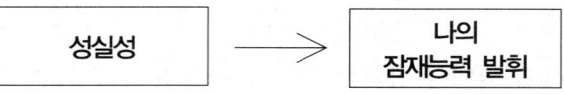

百의 업적을 낼 수 있는 능력이 있는 사람이 八十의 업적 밖에 내지 못했다면 그는 자기의 생명에 대해서 진실로 성실했는가? 아니다. 적어도 二十만큼은 불성실했다. 그는 그의 생명을 二十만큼 덜 아름다운 것으로 만듦으로써 그것을 二十만큼 더럽혔다. 성실(誠實)한 것은 그만큼 아름다운 것이며 불성실한 것은 그만큼 부끄러운 것이다(充實之謂美).

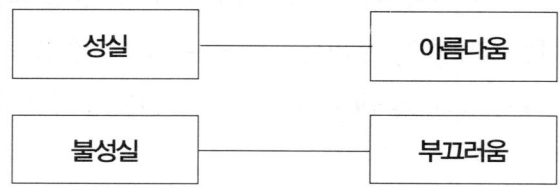

맹자가 일찍이 군자의 세 가지 즐거움(君子三樂)을 말함에,

　　하늘을 우러러 부끄러움이 없고　　　　　　仰不愧於天
　　인간을 굽어보아 또한 부끄러움이 없는 것　　俯不怍於人

을 가리켜 군자의 두 번째 큰 즐거움이라고 하였으니 이는 오직 자신에 대해 온통 성실한 자, 자기의 최선을 다해 이 세상을 사는 이만이 느끼는 경지일 것이다. "자신을 돌이켜 보아 (자신이) 성실할 것

같으면 이보다 더 큰 즐거움이 없다(反身而誠樂莫大焉)."

나 자신에 대하여 성실한 것—은 말로는 매우 쉽지만 실천은 지극히 어렵고, 또 어떤 의미로는 불가능하기까지 하다. 불가능하다는 말은 내가 지금 어떻게 하고 장차 무엇을 하는 것이 나의 잠재능력을 가장 유감없이 발휘하여 이 사회 국가인류에 최선의 공헌을 하는 길인지를 **모르니까**(神만이 아시리!) 불가능하다는 것이요, 어렵다는 말은 설사 내가 나의 향상발전과, 이를 통한 인류 사회에 대한 기여(寄與)를 위하여 A라는 일에 정진(精進)키로 마음먹고 실천에 옮긴다 하더라도 정진(精進)을 저해하는 온갖 요소들 —싫증, 짜증, 혼자 있기를 싫어하는 심성(心性), 놀고 싶은 마음, 안일(安逸)과 쾌락(快樂)을 탐(貪)하는 마음 등—을 억제(抑制)하고 이겨나가기가 지극히 어렵다는 것이다.

어렵고 불가능하다고 해서 나는 나 자신에 대한 성실성을 포기할 것인가? 아니다. 나는 내가 무엇을 하는 것이 최선의 길인지는 모르지만 그 근사치(近似値)를 발견하여 일로매진(一路邁進)할 것이며 나의 정진(精進)을 저해하는 온갖 요소들을 싸워 이기기 위해서(克己) 성실히, 성실히 노력해야 할 것이다. 그것이 인간적인 성실이요, 인간의 성실이다. 그것이 인간의 도(道)이다.

그러기에 『중용(中庸)』에

성실은 하늘의 길이요	誠者天之道也
성실되이 함은 사람의 길이다.	誠之者人之道也

라 했고 성실되이 하는 자(誠之者)의 일은 "선한 것을 택(擇)하여 굳게 실천해 나아가는 것(擇善固執之)"이라고 했다. 내가 나의 할 일을 바로 아는 것(비록 그 근사치<近似値>라도)이 선한 것을 택함이요(擇善), 그것을 방해하는 요소를 이기고 배제(排除)하여 그 일에 정진하는 것이 굳게 실천해 나아감(固執之)이다.

人道 ― **성실되이 함(誠之)** ｛ 선한 것을 택함 ― 나의 할일, 나의 사명을 앎
굳게 실천 ― 일도정진(一途精進)

자신에 대하여 성실한 사람은 자기의 생명을 아름답고 고귀하게 만드는 사람이요, 자기를 더럽히지 않는 사람이다. 고로 그는 악행을 하지 않고 남의 손가락질 받는 사람이 되지 않는다. 그는 우행(愚行)으로써 평생을 그르치지도 아니하고 허송세월함으로써 생명을 손괴(損壞)시키지도 않고 건강을 잃음으로써 생명을 단축시키지도 않는다. 그러기 위해서 그는 덕을 쌓고, 학문을 닦고, 선을 행하고 자신의 건강을 돌보는 것이다.

*

誠(성)이란 어떤 의미에서 말씀(λóγος, Logos, 眞理)을 이루는 것이다.

誠 = 言 + 成 = 말씀을 이룸 (成言)

이 말씀은 나에게 주어진 사명(使命, 즉 天命)이라고 하여도 좋다. 즉 誠은 나의 使命을 이루는 것이다

誠 = 사명을 이룸

【 이 천명(天命)을 일컬어서 나의 본성(나의 모든 잠재능력과 나 본래의 성품)이라고 할 때(天命之謂性) 誠은 나의 본성의 완성(나의 모든 잠재능력의 유감없는 발휘)이라고 해도 좋다.
誠 = 본성의 완성 = 자아의 실현 】

그런데 이 사명(使命)은 쉽게 알아지는 것이 아니다. 오직 지극한 정성 가운데에 이 사명을 알 수 있고 오직 지극한 정성이어야 사명(使命)을 다 할 수 있다.

그러나 알기 어렵다고 해서 사명을 몰라서는 아니 된다. "사명(使命)을 모르고서는 군자가 될 수 없다(不知命無以爲君子)." 사명(使命)을 모르는 사람은 나의 인생을 고귀하고 값있게 살 수 없다.

말을 바꾸어 보자.

여기 나의 사명(使命)을 알아서 그것을 이루기 위해 노력·실천하는 '나'가 있다고 하자. 사명(使命)은 반드시 이루어지느냐? 아니다. 아무도 이를 보장해 주지 않는다. 나도. 너도. 그도. 신(神)조차도 이루어진다는 보장이 없다. 나는 이루기를 버릴 것이냐? 나는 사명을 떠날 것이냐? 나는 나의 성실성(誠實性)을 포기할 것이냐?

아니다. 나의 사명(使命)과 역사(役事)가 장차 이루어지지 않을 지도 모르지만, 말씀이 완성되지 않을지도 모르지만, 나는 나의 열(熱)과 성(誠)을 다하고 몸과 마음을 다 바쳐서 그것의 완성과 실현을 위하여 노력·실천한다. 노력·실천— 이것이 인간의 길이다. 誠之者의 道다. 이것이 종일토록 부지런히 노력하고 저녁에도 근심·염려(좋은 의미의)를 놓지 않는(終日乾乾夕惕若) 참 사람(君子)의 길이다.

誠 = 말씀을 이룸 = 天道
誠之 = 노력·실천함 = 人道

나의 열(熱)과 성(誠)을 다하고 나의 몸과 마음을 다 바쳐서 노력한 사람은 인간의 도(道)를 다 한 사람이다. 인간의 도(道)를 다 한 사람에게는 허물이 없다. 부끄러움이 없다.

말씀이 이루어지고 이루어지지 아니함은 나의 뜻이 아니다. 인간의 뜻이 아니다. 하늘의 뜻이다. 그것은 인간의 영역(領域)이 아니다. 하늘의 영역이다. 이룸이 인간의 뜻이 아닐진대 이룸을 기필(期必)함은 인간의 본분(本分)을 벗어나는 일이다. 인간으로서는 참람(僭濫)한 일이다. 외람(猥濫)된 일이다…. 그렇지만 말씀은 저절로 이루어지지 않는다. 하늘은 인간의 노력을 빌어서 그 말씀을 이룬다. 인간은 하늘의 일에 참찬(參贊)한다. 하늘은 인간의 참찬(參贊)을 빌리지 않고서는 그 말씀을 이룰 수 없다. 하늘이 인간에게 소중하듯 인간도 하늘에게 소중하다. 인간이 하늘의 인간이라면 하늘은 인간의 하늘이다. 하늘 없이 인간이 없다면 인간 없인 하늘도 없다.

하여 인간의 도를 다한 사람에게 기다림이 있다. 인간의 도를 다한 사람에게만 기다림이 있다. 하늘의 이룸을 기다리는 것이다(盡人事待天命).

6

지금까지 나는 너무나도 인간의 노력. 노력. 노력을 강조해온 것 같다. 나의 잠재능력을 온전히 발휘하기 위한 노력 = 나의 환경을 100% 이용하여 훌륭한 사람이 되기 위한 노력= 주어진 시간을 가장 보람있게 보내기 위한 노력= 성실하게 살기 위한 노력. (모두가 아름답고 고귀한 나의 생명을 만들기 위한 노력)

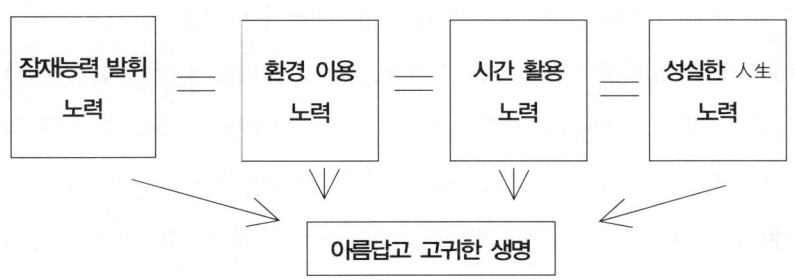

노력, 노력, 노력만 하다 말란 말이우?
인생을 아무 즐거움도 없이 노력만 하고 살라고?

아니다. 나의 생애를 값있는 것으로, 나의 생명을 값진 것으로 만들도록 노력하겠다는 전체적인 (포괄적<包括的>인) 설계가 서 있다면 그 큰 테두리 안에서 나는 얼마든지 생활의 리듬을 조절할 수 있고 적당히 쉬고 웃고 즐길 수 있다.

다음에 성실한 인생을 위한 노력이 얼핏 보기에 고통스럽고, 또 실제로 나의 조그마한 쾌락을 앗아가기도 하지만 그 노력에 내가 익숙해질수록 그것은 고통 아닌 쾌락으로 化해 가는 것이며 더욱이 그 노력의 결정인 아름다운 열매는 내가 그 과정(過程)에서 잃었던 조그마한 쾌락들의 집합체보다 훨씬 더 달고 좋은 것이다. 우리의 가상적인 중학생 B군의 경우를 들어보자. 五月의 화창한 일요일. B군의 친구 C군은 B군에게 놀러 오라고 청했지만 B군은 거절하고 책상머리에 앉았다. 요즈음 배우는 기하문제에 이해 안 가는 부분이 있어서 공부를 하기로 한 것이다. 책상 앞에 앉으니 우선 답답했고 친구 집에 갔으면 재미있게 놀 것을 그랬다는 생각이 들었다(고통). 이 화창한 일요일에 집에 틀어 박혀 있다는 것 자체가 바보스러워졌다. 그런데 이상한 일이 생겼다. 조금 전까지 모르던 원(圓)의 성질 한 가지가 이해가 되고 연쇄(連鎖)적으로 다른 문제들이 B군 스스로의 힘에 의해서 풀어지는 것이 아닌가. B군은 이제 흥미를 느끼고 재미가 났다(쾌락). 이날 이후론 B군은 틈나는 대로 수학책을 들여다보고 예습하는 버릇이 생겼으며 그 결과로 수학 선생님이 말씀하시는 내용을 그 시간에 완전히 알게 되었다. B군은 수학에 차츰 두각을 나타내기 시작했으며 이에 "나도 공부하면 된다."고 자신을 얻은 B군은 틈만 나면 쉬는 시간이든 점심시간이든 아침등교전이든 저녁 하학 후이든 각 과목을 예습 복습하여 선생님의 칭송을 받고 친구들의 선망(羨望)을 모으는 학생이 되었다. 후일 고등학교, 대학을 나와 사회에 나아가 큰일을 하게 된 B군은 그 어느 날엔가 일시적 쾌락의 유혹을 물리치고 자기에게 좀 더 긴절(緊切)한 일에 매진(邁進)한 것이 오늘의 B군이 있게 된 발단(發端)이었음을 깨닫게 되었다(더 큰 즐거움).

친구와 만나 담소하는 것이 나쁜 것이 아니다. 아니 칸트의 유명한 사색(思索) 뒤에는 친구와의 만남이 있었고 소크라테스의 철학도 대화를 통하여 이루어졌다.

등산이 나쁜 것이 아니다. 공자(孔子)도 山에 올라 노(魯)나라를 작다 하셨으니(登東皐而小魯) 산악(山嶽)같은 기상(氣像)과 호연(浩然)한 기개(氣槪)는 정녕 우리가 배울만한 것이다. 인자요산(仁者樂山)이라 하지 않았던가.

　　청산(靑山)은 엇디ᄒ야 만고(萬古)에 프르르며
　　유수(流水)는 엇디ᄒ야 주야(晝夜)에 긋디 아니는고
　　우리도 긋치지 마라 만고상청(萬古常靑)ᄒ리라

李滉(退溪)

이처럼 선현(先賢)들도 자연을 벗 삼고 자연에 심취(心醉)하였다. 물은 어떠한가? 철썩거리는 바다 소리(海潮音)는 그것 자체로 자연의 율동(律動)이요 가없는 망망대해(茫茫大海)는 우리의 가슴을 활짝 열어준다. 하해(河海)같은 도량(度量)은 바다가 아니면 배울 수가 없다.

낚시를 통해서 나는 정(靜. 고요함)의 미학(美學)을 배울 수 있고 음악과 무용으로써 침울(沈鬱)에서 벗어나 밝고 맑은 기분으로 돌아갈 수 있다.

친구와의 담소가 나쁜 것이 아니고 등산이 나쁜 것이 아니고 해수욕이 나쁜 것이 아니고 낚시가 나쁜 것이 아니건만 내가 친구와의 담소 끝에 허탈감(虛脫感)을, 등산(登山)후에 죄책감(罪責感)을 느끼는 경우가 있음은 어이한 일인가?

나의 시간은 단선(單線)적이다. 나는 주어진 시간에 여러 가지 일을 하지 못한다. 나는 주어진 시간에 a, b, c, d, e…등 여러 가지 일 중에 한 가지(또는 두 가지)를 할 것이다. a, b, c, d, e…의 일은 나의 시간을 놓고서(두고서) 서로 경쟁을 한다. 나는 필연적으로 내가 할 일을 선택해야 한다(좋은 일이라고 해서 다 할 수 있는 것이 아니다). 나는 필연적으로 나의 시간 부분 부분을 a, b, c, d, e…의 일을 위하여 안배(按配)해야 한다. 무엇을 기준으로 안배할 것인가?

중요성을 기준으로 해서이다. 지금의 나의 입장(立場)과 처지(處地)에서 a, b, c, d, e…등의 일(activity)이 나에게 똑같이 긴절(緊切)한 것이 아니다. 이들 일들은 각각 일정한 중요도를 가지고 있고, 이들 일들은 일정한 중요성의 서열 위에 놓여져 있다. 내가 나의 시간을 중요도에 맞게, 중요성의 서열에 맞추어서 안배하고 사용했을 때 비로소 나는 진정한 즐거움과 만족감을 느낀다. 이렇게 나의 시간을 안배한 후라야 대화는 나의 사고력을 향상 시켜주고, 山은 호연지기(浩然之氣)를 길러주고, 바다는 넓은 도량을 갖게 해주고, 음악은 명랑한 마음을 갖게 해 주는 것이다.

나와 너의 입장과 처지, 소질과 사명이 다를진대 여러 가지 가능적인 일(activities in potentiality), 각각의 중요도(重要度)도 나와 너에게 각각 다를 수밖에 없다. 그러기에 젖먹이 아기는 스물 두 시간동안 자는 것이 가장 바람직한 일이지만 공부하는 학생은 일곱 시간 정도만 자는 것이 바람직한 일이다. 영화 평론가는 시중 일곱 군데 개봉관의 영화를 프로가 바뀌는 대로 전부 다 가보겠지만 대학교수가 그러다가는 강의 준비가 엉망이 될 염려가 있다.

일에는 선후(先後)·본말(本末)·경중(輕重)이 있다는 말이 여기서 나온다. 과불급(過不及)이 없는 중용(中庸)의 미덕(美德)을 다시 생각하게 된다. 낚시질이 좋은 것이지만 그것이 지나쳐서 다른 더 중요한 일을 못하게 하면 나쁜 것이다(낚시로 잡은 고기를 팔아 생계를 잇는 사람을 제하고는). 공부가 좋은 것이지만 그것이 지나쳐서 심신에 질환을 초래한다면 나쁜 것이다.

어떤 아버지는 대학생인 딸에게 편지했단다.

> 인간에게 중요한 것은 첫째가 건강이고 둘째가 노력이다. …할 일을 하고 안 해야 될 일을 안 할 줄 아는 노력인 것이다.
> (『女性東亞』1969. 7. 趙武駿씨 서한)

나의 생각에는 "안 해야 될 일"이 반드시 나쁜 일만을 가리킨 것이 아니다. 내가 행위의 중요성의 척도(尺度)에 따라 그 시각에 행할

한 가지 일 때문에 포기할 숱한 가능적(可能的)인 일들을 가리키는 것이다.

이처럼 자기의 의지로써 자기의 행동을 통제하는 자. 그는 최소의 수동적 상황, 최대의 능동적 상황에 사는 자이다. 그는 가장 잘 인간다운 특성을 들어낸 자다. 그는 시간의 노예가 아니라 시간의 주인이다. 그는 물건(物件)의 노예가 아니라 물건의 주인이다. 그리하여 그는 그 자신의 주인이다(不失己).

행복이란 무엇이냐? 그것은 자신을 최대한으로 만드는 것이다 (Happiness consists in making the most of yourself). 그것은 잠재능력의 온전한 실현이다(Platon). 그것은 理性(이성)의 지시 밑에 인간성의 최고의 여러 가능성을 완성하는 것이다(St. Thomas). 그것은 사람의 힘의 성숙된 실현이다(Spinoza). 그리고 이 모든 것은 내가 나의 진정한 주인이 되었을 때만 가능하다.

7

人生은 존귀(尊貴)한 존재다.

인생이란 얼마나 고귀한 존재냐? … 우주에 단 하나 밖에 없는 존재가 아니냐?　　　　　　　　　　　　　　　　　　(앞의 서한)

이 세상에 수십억의 인류가 살고 있지만 '나'라는 인생은 단 하나다. 지금까지 무수한 인생이 지구상에서 명멸(明滅)했건만 아무도 나의 인생을 산 것이 아니다. 앞으로 무수한 인생이 또한 이 세상의 주인이 되겠지만 아무도 나의 인생을 다시 (또는 대신) 살지는 못한다. 나의 생명은 실로 천상천하(天上天下)에 유일무이(唯一無二)한 것이기에 세상의 그 무엇도 존귀하기가 이에 더 할 수 없다.

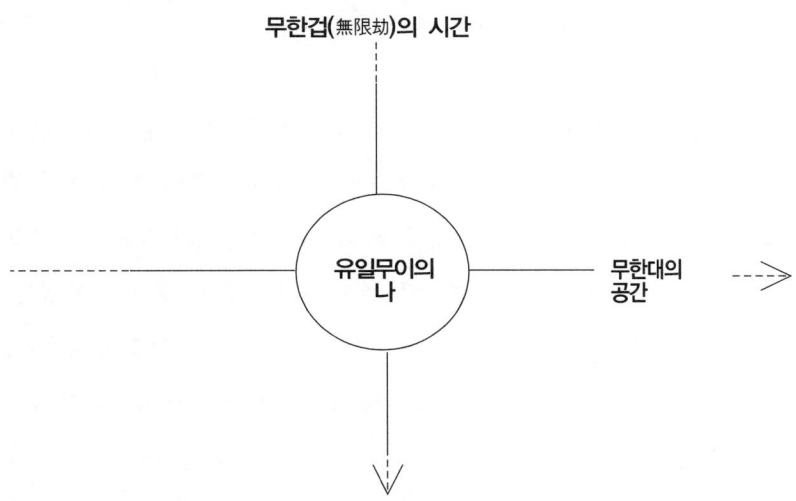

이 존귀한 인생을 무엇 때문에 쓰레기통에 처넣겠는가. 무엇 때문에 때 묻히고 오손(汚損)하고 저주(詛呪)하겠는가. 아니다. 나는 나의 인생을 사랑하고 가장 고운 장미꽃으로 치장하고 가장 비싼 향수를 부을 것이다. 존귀하게 태어난 인생을 존귀하게 살기 위한 나의 노력과 책임은 막중(莫重)하다. 나의 능동적 상황이 부여해 준 자유의 다른 얼굴은 책임(責任)인 것이다. 나의 인생이 고귀하고 보람 있는 것이 되든 더럽고 질시(疾視)받는 것이 되든 그것은 전적으로 나의 책임인 것이다.

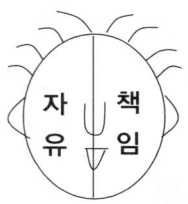

　인생을 길게 볼 줄 알아야 한다. 천리 길을 한 걸음에 갈 수 없다는 것도 알고 봄여름에 꽃 안 피운 나뭇가지가 가을에 결실치 못한다는 것도 알아야겠다. 지금 내가 하고 있는 일, 지금 내가 처하고 있는 상황이 나의 인생 전체에 대해서 가지는 의미를 알아야겠다.
　사람이 가지는 고식적(姑息的) 통폐(痛弊)의 하나는 사람에게 부여된 육칠십년의 인생이 짧다고 조물주에게 불평하면서도 그 자신은 그 육칠십년이 너무나도 긴 듯이, 아니 삼년, 오년도 너무 긴 듯이, 단지 이 순간, 잘하면 오늘, 잘하면 내일, 조금 더 나으면 모레만을 보고 살아가고 있다는 것이다. 그렇기 때문에 평생을 그르치고 후에 이 세상을 하직하게 되었을 때 통한(痛恨)의 눈물을 적시는 사람이 적지 않다. 그래서는 안 된다. 오늘의 이 생명과 내일의 이 생명이 오늘·내일이라는 인위적 구분으로 나누어진 듯하지만 그 시간이 간단(間斷)없는 연속(連續)인 것처럼 오늘의 생명과 내일의 생명은 이어져 있고 따라서 나의 전인생(全人生)은 묶어져 있는 하나요 전체인 것이다. 나는 인생 전체를 보아야 한다.

　나의 하루와 하루가 모여져서 나의 전체생명(whole life)을 구성했음에 나의 하루는 나의 인생의 축도(縮圖)이다. 나의 하루는 조그마한 인생이다. 나의 전체 인생을 고귀하고 아름답게 만들기 위하여 나는 오늘 하루를 아름답고 고귀하게 살련다. 나의 하루를 아름답고 고귀하게 만드는 일이 먼 피안(彼岸)의 것이 아니다. 그저 나에게 주어진 일을 성실히 수행하고, 부모님 말씀 잘 듣고, 조카를 사랑하고, 또 조금은 명랑하면 되는 것이다. 나의 전인생(全人生)을 고귀하고 아름답게 만드는 것이 정녕 내가 오늘 하루를 성실하게 사는 데 달려 있을 진대 오늘 하루를 성실하게 사는 일은 나의 이 순간의 의지에 달린 것이다. 내가 仁을 행하려고 마음먹으면 곧 仁이 내게 와 있는 것이고(予欲仁, 斯仁至矣), 仁을 행함이 나 자신으로부터 말미암는 것이지 남에게서 연유(緣由)함이 아닌 것을(爲仁由己, 由人乎哉)….

[1975. 5. 馬山에서]

【 後 記 】

아우에게.

나는 東信이가 깊은 사고(思考)의 소유자였던 것을 안다. 누나가 전하는 어렸을 때의 너의 모습은 자못 사색적(思索的)인 것이었단다.
나는 근자(近者)에 東信이가 생각이 덜 미치는 곳이 있지 아니한가 생각한다. 그래서 네가 사물과 인간에 대해서 좀 더 적절한 생각을 하는 데에 조금이나마 도움이 될 수 있지 않을까 해서 펜을 들었다.
예상보다 다섯 배가 길어졌다. 이 장황한 글이 도대체 무엇을 의미할지, 도대체 읽을 만한 가치가 있는 것인지 나도 꽤나 의심스럽다.
나는 나의 사상을 강요하지 않는다. 나는 철학자도, 교육가도 아니다. 내게 남다른 학문이 있는 것도 아니요, 남다른 사회적 경험이 있는 바도 아니다. 나는 내가 남보다 옳다고 생각하지 않는다. 내가 나를 확실히 믿지 못하거늘 어떻게 남에게 나의 사상을 강요하겠는가?
그렇지만 兄에게도 소신(所信)이 있다. 그것은

[인간] 자신에게 주어진 일을 (올바로) 알아서 (성의껏) 행해야 한다

는 것이다. 그 말을 하고 싶어서 이 기나긴 글을 썼다. 이 긴 글

가운데에는 물론 兄의 독단(獨斷)도 있지만 우리보다 훨씬 더 깊은 안목으로 인생을 관조(觀照)한 옛 성현(聖賢)의 말씀을 소개한 부분도 있다. 비록 형의 말은 신빙성이 없더라도 그분들의 말씀은 족히 믿어도 좋으리라.

東信이가 이 글을 어느 정도 이해할 수 있을지 모르겠다. 다 읽을 수 있을지조차 모르겠다. 그럼에도 불구하고 이 어려운 글을 주는 것은 후일에라도 혹 東信에게 도움이 되지 않을까해서이다. 읽어도 좋고 안 읽어도 좋다. 잘 보관해도 좋고 지금 당장 버려도 좋다. 다만,

자신에게 주어진 일을 (올바로) 알아서 (성의껏) 행해는 사람

이 되기를 간절히, 정말 간곡(懇曲)하게 바랄 뿐이다.

을묘(乙卯) 하(夏) 4月 16日 어머니 생신에 형 씀[4]

---

4) 나는 당시 中三이던 나의 아우가 이 글을 다 이해했으리라고 생각하지 않고, 다 읽었으리라고도 생각하지 않지만, 아무튼 그는 나에게 다음과 같은 답장을 보내왔다: "작은 형 보시오. …형의 수필 잘 읽고 있어요. 글이 무척 잘 되었더군요."(1975. 6. 5.)

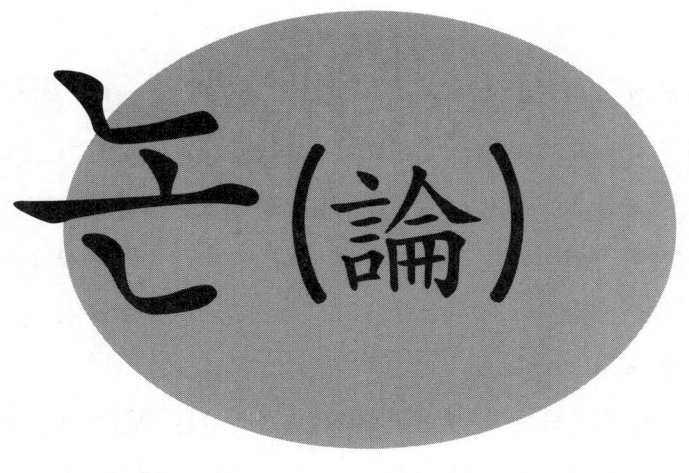

논(論)

문자론(文字論): 光化門과 광화문[1]

　문화재 복원사업이 엉뚱한 곳에서 바람을 맞고 있다. 일인 학자 야나기 무네요시(柳宗悅)가 그렇게 찬탄하고 애석해한 광화문에 현판을 복원해 달기 위해서는 조선시대 문화전통에 전혀 어울리지않는 지금의 한글현판은 바꿀 수밖에 없다. 현판 교체는 전문가들의 집단인 문화재청에서 알아서하면 그만이련만 비전문가들도 할 말이 많은가 보다.
　이의는 대체로 두 집단에서 제기된다. 하나는 한글현판을 내리는 것이 그것을 쓴 박정희를 폄훼하는 것이라고 생각하는 이들이다. 이는 문화재 복원사업을 정치행위로 볼 뿐, 한글현판이 복원되는 경복궁에 어울리지 않는다는 점은 외면하는 것이다.
　또 다른 이들은 한글 국수주의자들이다. 오래 전 여성단체에서 '박근혜가 독재자의 딸이긴 해도 여자니까 (비판적)지지를 해야 하지 않느냐'는 논의가 있었던 것처럼, 이 한글 국수주의자들은 [필체가 어떻든, 글쓴이가 누구든] 현판은 '광화문'이어야지, '光化門'이어서는 안 된다고 굳게 믿고 있는 것이다.

---

[1] 이 글은 『한국일보』 2005. 2. 2. 「아침을 열며」 칼럼 기사임.

한글현판 고집은 국수주의

 그들은 한자가 한국의 글자라는 것을 애써 부정한다. 한자는 중국 글자이므로 쓰지 말아야 한다고 생각하고, 한자를 이 땅에서 박멸하는 것이 우리의 말글살이를 윤택하게 하는 길이라고 믿는 듯하다. 한자가 외국에서 만들어졌기 때문에 우리의 문화유산이 아니고 우리의 글자가 아니라는 발상은 매우 이상한 것이다. 그렇다면 우리의 종교는 비교적 자생적인 샤머니즘, 대종교 등이 있을 뿐, 불교도 천주교도 개신교도 한국 종교로서 위상을 가질 수 없다.

 인류학자 랄프 린튼은 어떤 사회건 자생적 문화요소는 10% 정도밖에 없고 나머지는 다른 사회에서 차입, 전파된 것이라고 생각했다. 즉 문화자산은 원래 그 사회에서 만들어진 것인지 여부가 아니라, 그 사회에서 그것이 얼마나 유효 적절하게 사용돼 왔느냐에 따라 정의되는 것이다. 문화자산에 대한 인식은 한글 국수주의자들보다 한의사들이 훨씬 전향적이다. 한의사들은 한의학을 한의학(漢醫學)이라고 생각하지 않는다. 그 뿌리가 본초학을 발전시켜 온 중국에 있음이 명백하지만 동의보감을 지은 허준의 노력이 말해주듯이 한의학은 한국인의 특성에 맞추어서 사용되고 발전해왔으므로 '韓醫學'이라는 것이다.

 한자는 어떨까. 우리 조상들은 한자에 우리의 음가를 입히고 천년이 훨씬 넘는 기간 우리의 언어생활에 활용해 왔다. 그러므로 한자는 우리 글자이고 한의사의 표현방식을 차용하자면 '漢字'가 아닌 '韓字'다.

 우리의 말글살이는 한글과 한자라는 두 가지 우수한 문자체계로써 축복 받고 있다. 한글이 우수한 표음문자이고 한자가 우수한 표의문자라는 것은 누구나 아는 사실이다. 그러나 둘 다 조금씩 단점이 있다. 한글의 단점은 그것이 맥락의존적이라는 점이다. 이를테면 '항구매장'이라고 하면 영원히 파묻는다는 말인지, 항구에 있는 상점이라는 말인지 맥락을 보기 전에는 알 수 없다.

특히 우리말은 한자를 토대로 한 것이 많기 때문에 맥락 없이 한글단어만 보면 그 뜻을 모를 경우가 허다하다. 또 비슷한 모양의 글자가 많아 주의하지 않으면 혼동하는 일이 많다. 이를테면 도로 표지판에 쓰인 '정주'와 '청주'는 매우 비슷해 보인다. 한글의 단점은 곧 한자의 장점이다. 그러나 한자에는 획이 많은 것들이 많고 배우고 쓰는데 시간이 많이 든다. 그럼에도 한자에는 단어의 뜻을 쉽게 알게 해주고, 조상의 생각에 접근하는 길을 열어주며, 한자문화권의 나라들과 쉽게 교류하게 해 주는 기능이 있다.

문화 빈곤화 자초 말아야

한글과 한자는 우리의 언어생활을 지탱하는 두 바퀴다. 그 중 하나의 바퀴가 원산지가 외국이라고 해서 영원히 떼어 버리고 사용하지 말자고 주장하는 것은 문화빈곤화를 자초하는 일이다. 또한 전파된 문화요소가 사회의 문화전통을 만들어 간다는 문화의 일반성질과도 부합하지 않는다.

소외론(疎外論): 유교의 소외론 — 자기 자신에 대해 주인이 되어야[2]

인간의 피조물(被造物)이 커다란 세력을 형성하여 마침내 인간을 지배하고 마는 현상을 사회적 연관(context)에서 파악하려한 것이 서양의 소외관이었다면 그것을 주체성 있고 능동적인 개인의 차원에서 이해하려한 것이 유교의 사고였다. 그러기에 전자는 개인을 사회적 상황의 피동적 종속변수로 본 흠이 있고 후자는 소외 현상의 사회적 요인을 충분히 고려하지 못한 결함을 면하기 어렵다.

정통유가(正統儒家)의 말을 빌면 인간의 본성은 지선(至善)한 것으로 중선(衆善)이 다 갖추어져 있기 때문에 이를 온전히 확충(擴充)할 것 같으면 누구나 성인(聖人)의 경지에 이를 수 있다. 또 인간의 마음은 살아있는 것으로(心是活物) 인간의 성(性)과 정(情)을 통할(統轄)한다(心統性情). 「하늘에 계신 너희 아버지의 온전하심과 같이 너희도 온전 하라」 하심과도 같이 하늘로부터 받은 본성(天命之謂性)을 온전히 실현함은 인간 실존의 지상과제이며, 이를 위해서는 우리의 마음(無形者)을 마음 밖의 물건들(外物―有形者)에 겸제(箝制)되지 않도록 하여야 한다.

---
[2] 1975. 11. 23. <讀書新聞>(254호)에 게재된 글로, 나의 생애 최초의 칼럼이다. 琴章泰박사(서울대 종교학과 명예교수)의 권유에 따라 집필하였다.

부귀영화가 사람 모두가 원하는 바이지만 그것이 나의 본성을, 타고난 바른 방향대로 함양시키려는 내 마음의 자유와 창의력을 빼앗을 때엔 도리어 나의 적(敵)이다. 부귀영화의 소중함은 나의 생명의 본질(본성)을 성취시키는 과업의 소중함에 미치지 못하기 때문이다.

시인 도연명(陶淵明)이 「일찍이 스스로 마음으로써 형체(形體)를 위하여 일하였으니 어찌 홀로 슬퍼만 하리요(旣自以心爲形役, 奚惆悵而獨悲)」라고 읊으면서 전원에 복귀한 것은 그러한 심정을 말해준다.

나는 외물(外物)에 대한 욕심·욕정으로 인해 나의 마음을 빼앗기고 지배당하지 않게 하여야 할 뿐만 아니라 진실로 나 자신에 대하여 주인이 되어야 한다. 내가 설령 만국의 주인이 되었다손 치더라도 나 자신의 주인이 되어 나 자신을 지배할 수 없다면 천하 만민도 나에겐 무의미한 존재다.

모든 일의 영욕(榮辱)은 주인에게로 돌아간다. 내가 나 자신의 주인이라 함은 내가 나의 잘·잘못, 성공·실패에 대하여 전적으로 책임 있는 주체라는 것이요, 남에게 원인을 돌리거나 책임을 전가하지 않는다는 것이다(不怨天, 不尤人). 비유컨대 주인 된 자의 마음가짐은 활 쏘는 이와 같은 것. 활을 쏘아 정곡(正鵠)을 맞추지 못하면 그 책임과 원인을 자기 자신에게서 구하지, 다른 사람·활·풍향에서 구하지 아니하는 것이다.

남에게서 받는 사랑, 내가 소유하는 재산, 내가 차지하는 지위에 의하여 나의 실존에 대한 확신을 얻고 나의 소외를 극복하려하는 것은 그릇된 일이다. 왜냐하면 사랑을 받는 일은 본질적으로 주인(주체)

의 의식 아닌 종(객체)의 의식에서 우러나온 일이기 때문이며, 재산·명예·지위는 그것이 아무리 크고 높다 한들 「나」라는 주체의 본질을 형성할 수 없을 뿐만 아니라 재산은 더 큰 재산을, 지위는 더 높은 지위를 끊임없이 추구하게 마련이기 때문이다.

오히려 나는 능동적인 사랑("能愛" 『周易』 繫辭)으로써 나의 실존을 확신할 수 있고 소외를 극복할 수 있으니, 이것은 주는 사랑이야말로 주인의식에서 우러나온 것이기 때문이며, 사랑한다는 사실은 실존의 더없이 좋은 증거이기 때문이다. (Amo, ergo sum.)

어떠한 힘과 상황도 나에게 사랑의 능력과 권리를 박탈치 못한다. 사랑은 그것이 부모, 형제, 연인, 이웃, 동포, 민족, 세계 인류에 대한 것이든, 학문, 예술, 직무, 대자연에 대한 것이든, 전적으로 나 자신으로부터 말미암는 것이지 남에게 말미암는 바가 아니다(爲仁由己).

오늘의 사회는 그 훌륭한 과학기술과 고도의 생산력으로 인간에게 만족을 가져다줌직도 하건만 어째서 우리들은 더욱 더 인간으로서 주체성을 상실해가며 불만과 좌절의 심연으로 말려들고 있는가? 나아갈 줄만 알고 물러설 줄도 멈출 줄도 모르는 탓이 아닐까? (知進而不知退)

인생의 수단인 재산·지위·명예를 목적시하여, 이들을 추구하는 끊임없는 경주에서 은퇴를 모르는 주자가 되니 보이는 것은 트랙과 라인뿐.

나아갈 때 나아가고 멈출 때 멈추어서(時行則行 , 時止則止) 일에 처함에 中(마땅함)을 얻으면 자신의 참된 주인이 되어, 자유와 창조력을 향유하련만, 그는 순간의 휴식도 없이 계속 뛰면서「나는 시간의 노예다. 나는 소외되어 있다. 오 가엾은 인생아!」하고 울먹이는 것이다.

반전론(反戰論) (1): 팔루자, 팔루자.....3)

인류가 저질러 온 최대 범죄는 전쟁이다. 전쟁은 윤리와 가치를 전도시킨다. 평상시에는 비난과 징벌의 대상이 되는 살인과 파괴와 약탈이 전쟁 중에는 오히려 칭송과 포상의 대상이 된다. 전쟁에 살인, 약탈, 강간 등 온갖 범죄가 뒤따르는 것은 오히려 당연한 일이다.

그것을 우리는 오늘날 이라크에서 생생하게 보고 있다. 미군은 포로를 줄로 묶어 끌고 다녔고, 그들에게 방뇨했고, 개에게 물리게 했으며, 급기야 부상당한 포로를 현장에서 사살하기도 했다. 무릇 만행 없는 전쟁이란 없는 법이다.

전쟁과 침략의 피해라면 우리도 넌더리나도록 겪어 왔다. 일제의 주권침탈로 인해 우리 민족은 일본의 노예가 되는 괴로움을 겪었고, 한국전쟁으로 인해 육신과 심성이 갈가리 찢기는 괴로움을 겪었다. 그 상흔은 여전히 사라지지 않고 있다. 미군의 총구가 움직이는 모든 것을 적으로 간주하는 팔루자는 우리의 노근리와 다를 게 없다. 세월이 지나고 장소가 달라져도 절대 우위의 힘을 갖고 있는 미국의 이익에 맞지 않으면 즉시 청소 대상이 된다는 사실만은 변하지 않고 있다.

---

3) 2004. 12. 14 한국일보 인터넷판 「아침을 열며」欄에 (잠시?) 실렸으나 실제 新聞紙上에는 실리지 않음.

놀라운 것은 이에 대해 초연하고 태평한 우리들이다. 노근리 학살에는 그렇게 분개하던 정의로운 마음들이 팔루자에 대해서는 닫혀 있다. 일제의 한국 침략에 대해서는 그렇게 분노하면서도 미국의 이라크 침략에 대해서는 초연하다. 만약에 이라크군이 미국여자를 강간하고, 미군포로에게 방뇨하고 부상한 미군포로를 사살했다면 우리들의 매스 미디어는 얼마나 소리를 높였을까? 아마 정부 차원에서도 강도 높은 비난 성명을 냈을 것이다. 그러나 현실은 어떠한가. 뉴욕의 쌍둥이 빌딩이 무너져 내렸을 때 조기(弔旗)까지 내걸어 애도한 우리 정부는 아프가니스탄과 이라크에서 미군에 의해 무고한 인명 수십만이 사라지는 데 대해서는 별다른 관심을 표명한 적이 없다. 오히려 군대까지 파견해서 그들을 돕고 있다. 침략전쟁을 부인한다는 대한민국헌법 제5조에도 불구하고 헌법재판소가 침략자 미군을 돕기 위한 파병이 합헌이라고 결정하고, 국가를 보위하며 국민의 자유와 복리의 증진에 노력하겠다는 취지의 취임선서를 한 대통령이 추가파병을 결정함으로써 납치된 김선일씨의 생명줄을 놓아 버렸다. 결국 한국에 대한 침략은 안 되지만 이라크에 대한 침략은 괜찮고, 일본이 전쟁을 일으키는 것은 나쁘지만 미국이 전쟁을 일으키는 것은 문제될 것이 없을 뿐 아니라 우리가 적극 협력해야 하며, 노근리 학살은 범죄지만 팔루자에서는 상관이 없고, 나라 안에서 사람을 죽이고 파괴해서는 아니 되지만 나라 밖에서라면 무방하며, 뉴욕에서 테러로 죽은 사람들에 대해서는 아무리 애도해도 부족하지만, 아프가니스탄이나 이라크에서 전쟁으로 인해 죽은 사람들은 애도할 가치도, 생각할 이유도 없다는 말이 된다. 이러고도 평화를 애호하는 민족이라고 자부할 수 있을까?

우리가 정말로 이성과 도덕이 고귀한 것이라고 믿고 그것을 포기하기를 원하지 않는다면 이러한 이중 잣대를 버려야 한다. 그리고 우리는 수천 명이 죽는 테러보다 수십만 명이 단기간에 죽는 전쟁이 훨씬 더 나쁜 것이라는 것을, 노근리 학살이 비인도적인 만행이라면 팔루자 학살도 같다는 것을, 우리 독립지사의 일제에 대한 저항이 정당하다면 이라크 저항세력의 미국에 대한 저항도 정당하다는 것을, 그리고 쌍둥이 빌딩에서 죽은 수천 명의 생명이 가엾다면 아프가니스탄과 이라크에서 죽은 무고한 생명들도 불쌍히 여겨져야 한다는 점들을 인정해야 한다.

필요한 것은 평상심, 또는 항심(恒心)이다. 세력의 크기를 좇아 기울지 않는, 변하지 않는 마음이다. 파병을 합헌으로 판결한 헌법재판소와 파병연장안을 통과시킨 국회 국방위원회는 이 같은 항심이 있었을까?

반전론(反戰論) (2): 전쟁은 미친 짓이다.4)

양심과 도덕은 국경선 안에서만 존재하는가?

　타인의 생명과 권리를 보호하는 것은 도덕과 윤리의 첫걸음이다. 타인을 죽이고 빼앗는 일은 범죄이기에 사람들은 그러한 일로 잡혀가서 벌을 받으며, 우리는 자라나는 아이들에게 타인의 생명과 권리를 보호해야 한다고 가르친다.

　그런데 타인의 생명과 권리를 존중해야한다는 가장 기본적인 윤리·도덕의 한계는 국경선인가? 국경선을 넘어서는 남을 죽이고 다치게 하고 남의 집을 부수어도 좋은가? 우리는 이라크 국민을 죽이고, 불구자로 만들고, 그들의 집을 부수고 마실 물마저 없앤 영미군대의 무자비한 침탈행위에 동조하여 전투부대를 파견하여야 하나(그 경비까지 물어가면서)? 타국민의 생명을 빼앗는 일에 동조하면서 자국민의 생명은 지킬 수 있을까? 한국민의 생명은 고귀하고 이라크 국민의 생명은 정말 하찮은 것일까? 그렇지 않아도 생명경시 풍조가 만연되는 이 사회에서 이라크라는 새로운 킬링필드에 학살자의 편에 서는 군대를 보내고서 우리는 동생과 조카 아들과 딸에게 생명의

---

　4) 이 글은 한겨레신문 2003년 9월 27일치 독자투고란에 「국경선에 갇힌 양심」이라는 제목으로 게재되었다.

존귀함과 도덕의 필요함을 가르칠 수 있을까?

안중근 의사에 대해서 면목이 없다.

침략자의 편에 서는 것은 안중근 의사, 김구 선생을 포함한 애국지사를 욕보이고 친일매국노에게 면죄부를 주는 일이다. 우리가 일제의 침탈에 지금까지 치를 떠는 것은 그들이 한국을 강압적인 식민지화 방식으로 침탈(침략)하였기 때문이다. 미국이 힘이 세다하여 침략자의 편에 선다면, 당시 힘이 무척 셌던 일본제국주의 침략자의 편에 선 사람들을 전혀 나무랄 수 없게 된다. 이는 우리의 역사를 파괴하는 것이고 국가와 민족의 정통성조차 부정하는 것이다. 우리가 6·25 한국전쟁 때 외국의 도움을 받은 명분은 저들이 침략하고 우리는 침략을 당했다는 점이었다. 우리가 만약 침략자의 편에 선다면 이는 자기모순(자가당착)이다. 침략을 비판하고 침략자를 극렬히 비난하던 우리가 침략자와 한 패가 되기 때문이다.

대한민국헌법 제5조

전쟁은, 특히 침략전쟁은, 미친 짓이다. 그것은 때로는 어울리지 않게 <평화>, <자유>라는 이름으로 포장되기도 하지만 사실인 즉 집단적으로 인간을 사냥하는 집단광기의 표현에 불과하기 때문이다. 미치지 않고서야 어떻게 인간이 인간을 사냥하겠는가. 다행히 대한민국헌법 제5조는 <대한민국은 침략적 전쟁을 부인한다>고 명시하고 있다. 양심이 있는 사람이라면 전쟁이라는 이름의 인간사냥에 반대해야 한다. 역사상 정의(正義)는 거의 언제나 강자의 편보다는 약자의 편에 서고, 침략자의 편 보다는 피침략자의 편에 서는 데 있었는데 지금도 예외는 아니다. 파병은 침략자를 돕기 위한 것이 아니라 외국군대의 침략으로 고통받는 나라를 도울 때만, 군사적·외교적·경제적 강자가 아니라 그 어느 측면에서도 약한 자를 도울 때만, 정의의 이름으로 불리어질 수 있다.

반전론(反戰論) (3): 이참에 우리도 침략자의 대열에…! 5)

카를 마르크스는 말했다. 인류의 역사는 가진 자와 갖지 못한 자, 힘있는 자와 힘없는 자의 갈등과 대립의 역사이며, 그러한 갈등과 대립이야말로 역사발전의 원동력이라고. 세상을 마르크스처럼 이원적으로 본다면 인류의 역사는 침략자와 피침략자의 갈등과 대립의 역사, 또는 침략자가 피침략자를 괴롭혀 온 역사라고도 할 수 있을 것이다. 지나간 1~2세기 동안의 침략과 피침략의 역사를 보면, 영국, 스페인, 독일, 벨기에 등 유럽 여러 나라와, 유럽의 식민지로부터 출발한 미국, 그리고 아시아에서는 (자랑스럽게도!) 일본이 침략국의 대열에 서 있었으며, (일본을 뺀) 아시아 여러 나라, 아프리카, 그리고 남·북 아메리카(원주민)와 대양주(원주민) 등이 침탈대상이었다. 침략자의 대열에 있는 여러 나라는 지금도 세계를 주무르며 세력을 떨치고 있는 '선진국'들이며, 피침략의 역사를 겪은 나라는 대부분 지금도 가난하고 힘없는 나라들로 남아 있다. 세상이 신(神)의 뜻에 따라 이루어진 것이라면 신은 언제나 침략자의 편이다. 침략자의 편에 서는 것은 국력의 우위와 선택받은 나라라는 믿음과 연결된다.

역사적으로 강대국이 곧 침략국이었다는 사실과 궤(軌)를 같이하

---

5) 이 글은 『충대신문』(충남대학교 신문) 2003년 10월 27일치 (3면)에 실린 同名의 글의 원문이다. 나는 이 글을 시사만필(時事漫筆)로 분류한다.

여, 오늘날의 최대침략국은 미국이다. 미국은 죄없는 원주민("인디언")들을 대량학살하고 그들의 땅을 빼앗아 나라를 세운 이래 멕시코와 싸워 그 땅의 3분지 1을 빼앗았고, 필리핀에 진격하여 60만 필립핀인의 목숨을 제물로 해서 이곳을 식민지로 삼았으며, 하와이의 릴리오오칼라니 왕조를 무너뜨리고 그 아름다운 섬들을 해군기지로 삼았으며, 쿠바, 온두라스, 도미니카, 아이티, 과테말라, 파나마, 콜롬비아 등 어느 나라도 미국 해병대의 공격으로부터 자유롭지 못했다. 심지어 인구 11만의 소국 그레나다가 막강대국 미국에게 무슨 위협이라도 되었는지, 아니면 눈에 가시였는지 미국은 이 나라를 침공해서 친미정권을 세웠다. 10년에 걸친 베트남 전쟁에서 미국은 40만 톤의 네이팜 탄과 유해제초제를 퍼부어 가면서 베트남, 라오스, 캄보디아인 200만명을 죽이는 혁혁한 전과를 올렸다. 그리고 9·11 테러를 무슨 전쟁면허라고 생각하는지 아프가니스탄에서, 또 이라크에서 마음 놓고 사람을 죽이고 있다.

 그 군사대국, 전쟁대국에서 우리에게 초청장이 왔다. 우리에게 침략자의 대열에 서 달라는 반가운 초청장이다. 그것은 미국제 첨단 무기로 무장한 우리 군대의 전투력을 전쟁대국인 미국에서조차 높이 평가한다는 증거이며, 정부 수립이후 일편단심으로 미국에 바쳐온 맹목의 충성심을 드디어 미국이 알아주기 시작했다는 증거이다(우리는 얼마 전, 가격과 기타 조건이 더 나은 것으로 평가된 프랑스 전투기를 마다하고 조건 나쁘고 값비싼 미국 전투기를 사기로 결정하였으며, 내년에는 더 비싼 미제 무기를 더 많이 사기 위하여 국방예산을 대폭 증액하지 않았던가). 그렇지 않고서야 선진국만이 참여할 수 있는 침략자의 대열에 우리나라를 기꺼이 끼어주겠다는 초대장을 선뜻 보내 올 리가 없다. 아마 우리에게 국운이 활짝 열리려나보다. 그 지긋지긋한 피침략자의 대열을 탈피해서 침략자의 대열에 섬으로써 우리 민족의 우수성과 우리나라의 선진성을 세계에 알릴 절호의 기회가 아닌가! 정녕 반가운 초대장이거늘 아직도 갈팡질팡하고 망설이는 사람들이 있는 것을 보면 참으로 한심한 인간들도 있다는 생각을 금할 수 없다.

그러나 아무리 좋은 일이라도 순서가 있는 법이니, 초대에 응하기에 앞서서 몇 가지 사전조치를 하고, 새로운 각오를 하는 것은 필수적일 것이다.

사전조치의 하나는 대한민국헌법 제5조의 개정이다. 현행 헌법 제5조는 "대한민국은 침략적 전쟁을 부인한다"라고 되어 있다. 이 구태의연한 헌법으로는 침략자의 대열에 서서 국위를 떨칠 수 없기 때문에 헌법개정이 시급하다. 아마도 "대한민국은 미국이 주도하기만 한다면 어떤 형태의 침략전쟁도 무조건 찬성한다"라고 고치는 것이 좋을 것이다.

둘째, 이제 침략을 부정하는 케케묵은 역사관을 바꿔야 한다. 일제의 침략에 동조한 사람들은 민족반역자가 아니라 이 민족의 선각자로 기억되어야 한다. 그런 의미에서 우리가 해방 후 단 한 명의 "친일선각자"도 처단하지 않은 것은 자랑스러운 일이다. 반면 침략에 반대하고 아시아의 평화를 추구하기 위해 침략원흉을 처단한 안중근 의사는 시대에 뒤떨어진 사람으로 다시 평가되어야 한다.

셋째, 이제는 윤리의 기본 틀을 바꾸어야 한다. 박애니 자비니 인의(仁義)와 같은 구시대의 윤리를 가지고서는 침략자의 대열에 설 수 없다. 침략은 곧 피침략자의 목숨을 빼앗는 것이므로, 우리나라 국민의 생명은 소중하되 다른 나라 사람의 목숨은 존중할 필요가 없다는 현실적인 도덕(?)을 가르쳐야 한다. 옛날 유럽의 식민주의자들이 검은 대륙과 신대륙의 (원)주민들의 생명의 가치를 인정하지 않은 것처럼(그들은 원주민 대량학살을 열등한 민족의 소멸을 도와주는 자비로운 행동으로 여겼다), 우리도 신성불가침의 미국의 권위에 도전하는 (악의 축 같은) 어떤 세력에게도 생존의 권리를 인정하지 않는 전향적인 태도를 가질 필요가 있다. 그래야 침략자의 깃발을 단 부대의 병사가 되어 아무런 마음의 부담도 느끼지 않고 어떠한 원한관계도 없는 이국의 사람들을 죽일 수 있기 때문이다.

우리가 이 반가운 초대장을 접수하고 영광스러운 침략자의 대열에 서기 전에 한 가지 각오를 새롭게 하여야 한다. 우리가 침략자의 대열에 선다는 것은 침략을 정당화하는 것이므로, 앞으로 어느 나라가 우리나라를 침략해 와도 이를 국제사회에서 비난한다거나 도움을 요청할 수 없다. 우리가 명예로운 침략자의 대열에 서고서도 다른 나라의 침략은 비난한다면 이는 그야말로 논리적으로 자가당착(自家撞着)이기 때문이다. 그러니 우리는 국가예산의 90퍼센트를 들여서라도 미국제 첨단무기를 지금보다 훨씬 더 많이 구매해서 전(全)국민과 전국토를 무장하고 자력으로 나라를 지킬 각오를 새로이 하여야 할 것이다.

반전론(反戰論) (4): 현실의 법정과 마음의 법정6)

　법정은 소송절차에 따라 송사를 심리하고 판결하는 곳이다. 그런데 나는 이에 덧붙여 법정을 폭넓은 의미로 '옳고 그름에 대한 판단이 이루어지는 곳'이라는 비유적인 의미로도 사용하려 한다. 후자의 의미가 아니면 '마음의 법정'과 같은 말을 쓸 수 없다.

　이상적으로 법정은 정의가 구현되는 곳이며 정의의 구현은 공평함을 철칙으로 하지만 현실의 법정의 판결은 때로 소송관련자의 권력의 크기를 반영한다. 자유당 시절에 있었던 조봉암에 대한 판결과 유신시대에 있었던 '인민혁명당' 사건은 현실의 법정이 권력과 무관할 수 없음을 말해 준다. 군사법정과 전범재판소의 경우 법정과 권력의 밀착관계는 더욱 분명하여, 2차대전 후 전범재판소는 승전국인 미국이 원자탄으로 수십만 민간인을 학살한 전쟁범죄는 거론조차 하지 아니하였으며, 오늘날 이라크전과 관련해서는 정작 전범재판소에 서야 할 진정한 전쟁범죄자들이 오히려 침략으로 고통받는 나라의 국가수반을 '체포'하여 그를 전범재판정에 세우려 하고 있다.

　그것이 현실이다. 현실의 법정을 주도하는 것은 권력이다. 정의와 공평함이 지배하는 곳은 마음의 법정일 뿐이다. 마음의 법정에서는

---

6) 이 글은 『한겨레』신문 2004년 5월 24일 17면 독자투고란에 게재되었다.

힘있는 자와 힘없는 자가 평등하고, 강대국의 국민과 약소국의 국민이 동등한 권리를 갖는다. 그러므로 마음의 법정의 판결은 때로 현실 법정의 판결과 일치하지 않는다. 마음의 법정에서는 12·12 군사반란과 5·18 민족대학살을 주도한 사람의 죄는, 사람 몇 명을 잔학한 방법으로 죽인 '막가파'의 죄보다 결코 작을 수 없다. 국제관계에 관해서는 마음의 법정과 현실의 법정 사이의 판단의 괴리가 더욱 크다. 미국은 이라크에 대량살상무기가 있다고 트집잡아 이를 침략의 이유로 삼았는데, 설령 대량살상무기가 있었다고 해도 그것이 미국이 이라크를 칠 정당한 이유가 되는가? 정작 대량살상무기가 얼마든지 있는 나라는 미국이고 또 이스라엘에도 많이 있지 않은가. 자신들은 강대국이니까 대량살상무기를 얼마든지 가져도 되지만 약소국인 이라크나 북한은 안 된다(단, 이스라엘은 예외로 한다)는 미국의 논리는 권력이 지배하는 현실의 법정에서는 통할지언정 정의와 평등을 원칙으로 하는 마음의 법정에서는 통할 수 없다.

조금 더 생각해보자. 잔학한 외국군으로부터 주권을 회복하고자 열세의 무기를 들고 침략자에 맞서 싸우는 이라크의 저항군은, 역시 열악한 무기와 조직으로 감히 막강한 일본군에 대항하던 우리의 의병, 독립군과 많이 닮아 있지 않은가? 다만 우리의 선열들은 조선의 독립과 주권을 지키려 하였는 데 비해 저들은 이라크의 주권과 독립을 지키려고 하는 것이 다를 뿐이다. <한겨레> 5월 11일자에 실린 외신을 인용한 기사 가운데에는 일본 군인에게 매질 당하는 우리 독립지사의 사진과 미국 병사들에게 고문당하는 이라크인의 사진이 나

란히 게재되어 있는데 이는 우리에게 많은 것을 시사한다.

다른 모든 것과 마찬가지로 마음의 법정도 때묻고 찌들 수가 있다. 때묻는 원인의 하나는 우리가 이 사회와 이 세계의 지배적인 사상(이데올로기)에 세뇌되고 중독되고 조건화되어 외부의 감시를 받지 않고 양심의 자유가 보장되는 마음의 법정에서조차 지배적인 이데올로기를 판단기준으로 삼는다는 것이다. 이 사회의 지배적인 사상은 권력 있는 자가 만드는 것이고 이 세계의 지배적인 사상은 미국이 만드는 것이므로, 이에 세뇌된 다음에는 권력 없는 이의 견해를 두둔하는 것은 큰 죄를 짓는 것과 같다는 생각이 들고, '미국적 가치'에 반대하는 것은 마치 대역죄를 짓는 것처럼 여겨진다. (이 경우 우리는 마음속에 '빅 브라더'를 한 명 씩 가지고 있는 것이다). 이라크전에서 전범재판정에 피고의 자격으로 서야 할 사람은 분명 부시와 럼스펠드이건만 우리가 감히 이러한 생각조차 못하는 것은 세계를 제패하는 이데올로기인 '미국적 가치'에 우리가 이미 심하게 세뇌되었거나 중독되었기 때문이다.

마음의 법정이 때묻는 다른 원인은 우리가 나 자신과 친구들에게는 후한 점수를 주고, 나와 거리가 있는 사람에게는 박한 점수를 주거나 아예 그 가치를 인정하지 않는 데 있다. (전형적으로 평등원칙에 위배된다). 우리가 9·11 테러로 인해 죽은 미국사람을 위해서는 조기를 걸고 애도하면서도 아프가니스탄과 이라크에서 미국 군대에게 죽임을 당한 수만 수십만의 군인, 민간인에 대해서는 조금도 연민의 정을 느끼지 않는다면 우리는 이미 마음의 법정에서 지켜야 할 평등

원칙을 많이 잃어버린 것이다. 마음의 법정은 이처럼 권력 있는 사람(국가)이 만들어낸 이데올로기를 맹목적으로 받아들이기를 거부하고, 평등과 공의(公義)를 판단의 잣대로 삼을 때 깨끗하고 맑은 모습으로 남아 있을 수 있다.

반전론(反戰論) (5): 침략전쟁과 역사바로세우기[7]

한자성어에 지록위마(指鹿爲馬)라는 말이 있다. 꼭 진나라의 환관 조고의 고사를 인용하지 않더라도, 우리는 이 말이 권력이 진실을 왜곡하고 사슴을 말로, 검은 것을 흰 것으로 바꿀 수 있음을 함축하고 있음을 안다. 그러면서 우리는 사슴을 가리켜 말이라고 하는 엉터리 주장에 동조한 사람을 가엾이 여기고, 우리는 절대로 그런 지조 없는 행동을 하지 않을 것이라고 스스로 자부한다.

현실 속에서 한국의 위상은 어떠한가. 3년 전 미국이 자신들의 이익을 위해서 괜한 전쟁을 일으켜 이라크 사람들을 마구 살육하고 고문해온 것을 보면서도, 이 명분 없는 파괴를 그만두라는 말 한마디 못하고 오히려 군대를 보내 살육자를 도왔다. 전쟁범죄자며 학살원흉인 조지 부시 미국 대통령은 지금도 후안무치하게 이라크 침략을 "어려웠지만 올바른 결정이었다"고 정당화하고 있으며, 우리 정부는 그에 대해 유언·무언의 동조를 하고 있는 실정이다. 그 옛날 힘 있는 사람이 사슴을 말이라고 했을 때 한마디 반대도 못한 것과 무엇이 다르랴.

역사는 의롭지 않은 힘에 저항하고 침략을 반대할 때 바로 세워지

---

[7] 이 글은 『한겨레』신문 2006. 3. 21. 독자투고란에 게재되었다.

는 것이고, 정의롭지 않은 권력에 빌붙어 침략을 미화하고 추종할 때 굴절된다. 오늘날 침략자의 편에 서서 그들을 위해서 국민의 혈세를 써 가면서, 그리고 국민을 사지로 몰아넣어 가면서 군대를 파견하고, 그것도 모자라 파병 연장까지 획책하는 마당에 어떻게 일제 추종세력을 비판하고 역사 바로 세우기를 말할 수 있을까. 지난날 친일파들은 오늘날 숭미주의자들과 똑같이 의롭지 않은 세력에 대해 굴종하고 그들이 일러주는 대로 사슴을 말이라고 믿었다. 지나간 역사를 바로 세우는 것도 중요하지만, 그와 똑같이 중요하고 필요한 것이 오늘날 바른 역사를 만들어 가는 일이다.

우리가 침략자를 위해서 군대를 보내고 파병연장까지 함으로써 한-미 관계를 공고히 하고 선진국 대열에 섰다는 만족감을 얻을지는 모르지만 사실상 잃은 것이 더 많다. 첫째 우리는 침략을 부정하고 평화를 애호하는 민족이라는 자부심을 상실했다. 그 대신 의롭지 않은 힘에 굴종하는 민족이라는 자괴감만 남을 뿐이다. 둘째, 윤리와 도덕을 상실했다. 국내에서 살인죄를 중벌로 다스리면서 이국에서 학살자를 돕는 행위를 어떻게 합리화할 수 있을까? 이것은 결코 타당화될 수 없는 윤리의 이중 잣대를 국민에게 강요하는 일이다. 셋째, 강대국이 시키면 제 돈 들여서 전범 대열에 서는 용렬한 나라로 비침으로써 국가의 체통을 크게 손상했다. 미국은 한국을 한없이 업신여길 것이고, 다른 나라들은 한국이 미국을 맹목적으로 추종하는 나라라는 인식을 더욱 굳게 할 것이며, 특히 아랍세계에서는 한국을 아무 원한이 없는데도 자신의 형제들을 죽이는 데 동참하는 이해할 수 없는 나라로 볼 것이다. 넷째, 국내에 노숙자들이 보여주듯이 굶주리는 사람이 아직도 많고 해결해야 할 과제들이 산적해 있는데, 막대한 국민 세금을 침략군을 돕는 데 쓰는 것은 불합리하고 부도덕하다.

　침략을 부정하고 정의를 존중하여 바른 역사를 만들어 가는 일, 그것이 오늘 우리가 실천해야 할 역사 바로 세우기의 과제이며 민족의 자존심을 회복하는 길이다.

작명론(作名論): 누가 이름을 짓는가?8)

누가 이름을 짓고 세상사를 정의하는가? 힘있는 사람과 세력있는 집단이다. 그들이 현실 적합성과 무관하게 자신들의 이익에 따라 상황을 정의하고 이름을 붙이면, 매체들이 앞다투어 이를 세상에 알리고, 사람들은 이를 당연한 사실로 받아들이면서 자기도 모르게 '세뇌'되고, 어떤 의미로는 '허위의식'을 갖게 된다. 그래서 총칼로 정권을 잡아 폭압정치를 열기 시작한 5·16 군사반란은 31년이 지나고 나서야 군사 쿠데타라는 올바른 이름을 얻게 되었고, 1980년 봄 광주에서 민주화에 몸 바친 젊은이들은 오랫동안 '폭도'라는 이름으로 남아 있어야 했다.

얼마 전 한 국회의원이 문화재청장에게 편지를 보내 광화문 현판 교체를 '승자에 의한 역사파괴'로 묘사했다는데, 정말로 치열했던 '승자에 의한 역사파괴'는 5·16 쿠데타 이후에 일어난 헌정질서 중단과 폭압정치였다는 것을 그는 잊은 듯했다. 과거와 현재의 친일파들이 '민족 반역자'라는 정당한 이름으로 불리지 않고 여전히 고상한 엘리트 집단으로 남아 있는 것은 그들이 이 사회에서 차지하고 있는 높은 위상과 건국 이후 누려온 영화를 반영하는 것이리라.

---

8) 이 글은 『한겨레』신문 2005. 3. 21. 독자투고란에 게재됨.

세력 있는 집단의 이익을 반영하는 편향된 이름을 바로잡지 않는 한 나라는 희망이 없다. 그러기에 한 제자(자로)가 공자에게 정치를 한다면 무엇을 먼저 하겠냐고 물었을 때, 공자는 "이름을 바르게 하겠다"(必也正名乎!)고 대답했다. 의아해하는 제자에게 공자는 "이름이 바르지 않으면 말씀이 옳지 않고, 말씀이 옳지 않으면 일이 이루어지지 않으며, 일이 이루어지지 않으면 예악이 흥하지 않고, 예악이 흥하지 않으면 형벌이 정당함을 잃으며, 형벌이 정당함을 잃으면 백성이 어찌할 바를 모르게 된다"고 설명했다. 이름 바르게 짓기에는 맹자도 큰 관심을 표명해서, 폭군(여기서는 紂)은 군주가 아니라 필부에 지나지 않고 폭군을 처단한 것은 군주를 시해한 것이 아니라 필부를 주살한 것이라고 정의했다.

초강대국인 미국은 당연히 이름 짓기에도 큰 위력을 발휘한다. 미국의 지도자가 지은 이름은 매스 미디어를 타고 세계에 퍼져서 즉시 공인받은 학설이 된다. 가장 전쟁을 자주 일으키고 가장 많은 대량살상 무기를 갖고 있으며, 따라서 가장 위험스러운 나라인 미국이 어떤 나라를 '불량국가', '악의 축'이라고 부르면 그 나라는 그 '고깔'을 좀처럼 벗기 어렵고, 또한 어떤 나라를 '폭정의 전초기지'라는 듣기 거북한 말로 부르면 그 나라는 금방 이상한 기지로 변한다.

이름 짓기는 세력 있는 집단의 특권인지라 미국의 건국 과정에서 미국인들이 선주민(인디언)들을 대량 학살하고 그 땅을 빼앗고도 이를 '신의 뜻'이며 '명백한 운명'이라고 이름짓는 데 성공(!)했다. 그들은 멕시코, 필리핀, 니카라과, 파나마 등 수많은 나라와 침략전쟁을 벌이고 베트남에서도 수백만을 죽이는 혁혁한 '전과'를 올렸는데, 그러한 유혈과 살육은 그들의 표현을 빌리면 '자유민주주의의 수호'를 위한 필요한 조처였다.

2년 전 3월 20일 국제연합의 결의를 무시하고 이라크를 침략한 이래 미국은 지금까지 엄청난 학살과 파괴, 포로학대와 고문(심지어 포로사살) 등 전쟁범죄를 자행했다. 물론, 그들의 용어에는 침략도 학살도 파괴도 고문도 없다. 단지 '자유민주주의'를 멀리 서아시아까지 퍼뜨리려는 숭고한 노력이 있을 뿐이다. 이라크인이 겪는 고통과 학살, 만행의 확산이 부시의 용어로는 세계평화를 위해서 온 세계에 자유를 확산시키는 일이다. 사실 미국 지도층이 말하는 자유는 곧 미국의 이익을 뜻하는 것이며, 미국인들은 자국의 이익에 부합된다면 언제라도 타국에 대해 무력을 행사할 권리를 가지고 있다고 확신하고 있다는 점을 깨닫지 못한다면, 한편으로는 더러운 전쟁을 일으켜 매일 사람들을 죽이고 있으면서 다른 한편으로는 자유와 평화를 말하는 미국 대통령의 행동을 이해하기란 매우 어렵다. 노자가 그랬던가, 사람들이 짓는 이름이 진정한 이름이 아니다(名可名, 非常名)라고. 미국이 말하는 자유의 확산이 더는 많은 사람에게 유혈과 박해의 확산을 뜻하지 않기를 바랄 뿐이다.

통일론: 통일, 잃어버린 화두(話頭)9)

김대중 전 대통령이 평양에서 김정일 위원장을 만난 날을 기억하는 사람들이 많을 것이다. 나는 그 날을 내 생애에서 가장 행복했던 날 가운데 하루로 기억한다. 우리가 다시는 전쟁을 하지 않겠구나 하는 안도감과 통일이 아주 불가능한 일은 아니겠다는 기대가 교차한 시간이었다.

불행히도 남북 관계는 그 후 눈에 띄게 개선되지는 않았다. 기대했던 남북 정상회담(김정일 국방위원장의 답방)이 다시 열리지도 않았다. 남북 관계에 관한 한 다소 전향적인 자세를 보인 대통령 후보가 대통령이 되었지만 가시적인 성과는 없다. 오히려 남북 관계의 개선과 남북통일은 잃어버린 화두가 된 것 같은 느낌이 든다. 국가보안법 철폐가 지지부진한 것이 그 본보기다. 행정수도, 행정도시의 의미는 무엇일까? 통일은 아예 안 오거나 오더라도 아주 먼 훗날에야 가능할 것이라는 인식이 전제되어 있는 것이 아닐까?

北·美 관계 악화가 원인

그날의 희망과 감격이 계속 이어지지 않는 근본적인 이유는 무엇일까? 나의 생각으로는 북미 관계의 악화가 그 이유다. 북한에 대해

---

9) 이 글은 『한국일보』 2005. 4. 6. 「아침을 열며」 칼럼의 기사임.

서 극히 적대적인 일방적이고 호전적인 부시 행정부가 자리잡은 이후 남북 관계 개선 또는 통일에 접근하기 위한 정책을 적극적으로 펴기 어려웠던 것 같고, 사회적 분위기 역시 부정적인 방향으로 바뀌었다. 해방 이후 우리 민족에게 체질화한 미국 눈치보기, 미국 비위 맞추기가 통일 정책과 그 의식에 반영된 것이 아닌가 의심하게 되는 대목이다.

이 사회에서 막강한 세력을 형성하고 있는 보수 우익세력이 통일보다도 친미를 우선시하여 미국이 허용하고 있는 범위를 넘어서 통일 논의를 전개하는 것을 '친북'행위로 몰아 부치는 것도 통일로 가는 길에 놓여 있는 장애물이다.

내가 보는 우리의 모습은 미국이 북한과 관계를 개선하여 우리에게 통일 논의를 계속하라는 신호를 보내기를 기다리고 있는 꼴이다. 글쎄 그럴 날이 있을까? 현재를 기준으로 미래를 예측하기란 어렵지만 그런 날은 좀처럼 오지 않을 전망이다. 과거에 영국과 같은 식민 세력이 즐겨 사용하던 나누어서 통치한다는 원칙이 미국의 한반도 지배에도 들어맞는다.

한국이 쪼개져 있음으로 인해서 미국은 군대주둔의 명분을 얻고, 프랑스의 판매조건보다 불리해도 자국의 전투기를 팔 수 있으며, 남한의 대미 의존도를 계속 높은 상태로 유지할 수 있다. 미국이 왜 앞장서서 통일을 도와주겠는가? 미국이 한반도를 쪼개 놓았다고 해서 이 나라를 평화적으로 통일하는데 앞장서 줄 것이라고 믿는[결자해지·結者解之] 순진한 사람은 아마 없을 것이다. 오히려 남북관계가 개선되는 모습이 보이면 강력한 경고음을 보내는 것이 미국이 아닌가. 한국의 2004년 국방백서에서 평양이 주적이라는 부분을 삭제한 것과 관련해서 한국은 누가 적인지 분명히 말해야 한다고 주장한 공화당 소속의 미국 하원 국제위원장의 발언에서도 남한과 북한이 계속해서 적대적인 관계로 남아 있기를 바라는 미국의 성향을 알 수 있다.

한반도의 분단은 외국(미국)의 힘으로 쉽사리 이루어졌지만 통일이 그런 방식으로 올 것으로 전망되지는 않는다.

남북 정상회담 필요한 때

남북한 스스로 각 분야의 교류를 점진적으로 확대하고 서로 신뢰를 쌓아가며 적대행위를 하지 않고 낮은 수준의 통합부터 이루어가는 것만이 통일로 가는 길이며 민족의 번영과 민족사적 정통성을 가꾸어 가는 길이다. 원칙은 이미 남북 정상회담 때 마련되었다. 남북의 정상은 조건 없이 만나야 한다. 한 번이 아니라 여러 번 만나야 한다. 만남 속에 길이 있다. 통일은 저절로 오지 않는다.

교육론: 교육은 미래다10)

　이 땅의 교육은 아이러니다. 우리는 오랜 유교의 전통을 통해서 학문과 교육을 중시하는 기풍을 키워왔다. 그러한 전통을 가지고 있는 이 사회에서 그렇게 높은 관심의 대상이 되는 교육이 헤어날 수 없는 늪에 빠진 것 같다. 교사가 학생들 답안을 작성해주고, 학생들은 유사폭력조직을 만들고 있다. 입에 담기 어려운 패륜범죄도 따지고 보면 교육의 실패를 말해 주는 것이다. 교육을 천직으로 여기는 교수조차 자녀들을 해외로 보내길 주저하지 않는다. 그들을 보면 자신의 과수원에서 나는 사과는 농약 성분이 많아 제 가족에게는 먹이지 않는다는 농부가 생각난다.
　교육 실패의 원인은 교육과 배움이 학생들에게 즐거움을 주기는커녕 그들에게 질곡으로 다가가기 때문일 것이다. 많은 학생들은 자신들의 처지가 수레바퀴에 깔린 사람과 같다고 느낀다. 배움의 즐거움을 느끼기 전에 높은 성적을 내야 한다는 중압감을 느낀다는 것, 그리고 관심 있든, 없든 모든 과목을 잘 해야 진학과 연결되기 때문이다.

---

10) 이 글은 『한국일보』 2005. 3. 16. 「아침을 열며」 칼럼 기사임 (몇 글자 바꿈.)

선진국보다 더 경쟁적

 자본주의 사회는 성취에 따라 평가받는 사회이다. 하지만 우리 교육이 미국과 같은 선진 자본주의 사회의 교육보다 다 경쟁적이고 억압적이라면 문제다. 중고교 6년은 젊음이 영그는 소중한 시기다. 어른들은 이 시기 젊은이들이 겪는 긴장과 좌절을 줄여줘야 한다. 대학졸업자와 비졸업자 간 사회적 대우의 격차를 줄이고, 대졸자를 채용할 때 오직 개인 차이만을 인정하고, 대학입시나 학력고사에서 다수 과목 성적 합산제를 지양하고 소수과목 선택제를 택한다면 어떨까. 교육은 학생들에게 지식의 다량 습득을 강요하는 시스템에서 각자의 고유한 능력을 함양하는 시스템으로 변해야 한다.

 사회가 필요로 하는 인재는 한두 가지 분야에서 능력을 나타내는 사람이지, 모든 분야에서 뛰어난 사람이 아니다. 모든 과목에서 뛰어난 성적을 내는 것은 대다수 학생들에게 불가능할 뿐 아니라 불필요하다. 중국 당나라 때 문장가 유종원의 곽탁타 얘기를 들어보자. 곽탁타는 곱추였는데 모습이 낙타같다 해서 탁타(橐駝, 낙타)라고도 불렸다. 그는 나무 심고 가꾸는 것이 직업이었는데 그가 기른 나무는 잘 자라고 열매도 잘 달렸다. 어떤 이가 요령을 물었다. 탁타는 대답했다.

스스로 본성 발휘하게

 "제가 뭐 나무를 수(壽)하고 무성하게 만드는 능력이 있는 것이 아니라 단지 나무가 그 본성을 발휘하게 할 뿐입니다. 무릇 나무뿌리는 펼쳐지기를 바라고, 그 북돋음은 평평하기를 바라고, 심는 흙은 옛날 흙이기를 바라며, 그 땅다지기는 치밀하기를 바라니, 그렇게 해주고 나서는 움직이지도 않고 염려하지도 않으며, 놓아두고 가서 되돌아보지 않습니다. 돌볼 때는 자식처럼 하고 놓아둘 때는 버린 듯이 하면, 그 본성을 온전히 실현할 수 있습니다. 그러므로 저는 나무가 자라는 것을 방해하지 않을 뿐이지 나무가 크고 무성하게 할 수 있었던 것이 아니며, 그 열매를 억눌러 없애지 않았을 뿐이지 열매를 일찍 익게 하고 많이 달리게 할 수 있었던 것이 아닙니다. 다른 나무 심는 이들은 저와 달라서 뿌리를 말고 흙을 바꾸며, 북돋음을 지나치게 하지 않으면 모자라게 하고, 설령 그렇지 않은 이가 있더라도 사랑이 너무 은혜롭고 염려가 너무 부지런하여 아침에 보고 저녁에 쓰다듬으며 한번 가고서는 되돌아와서 보고, 심한 사람은 나무껍질에 손톱질을 하여 그것이 살았는지 죽었는지를 살피고, 그 근본을 흔들어 보아서 땅이 성근지 조밀한지를 살피니, 나무의 본성은 점점 떠나게 됩니다. [그들이] 비록 [나무를] 사랑한다 하나 사실은 해치는 것이요, 비록 염려한다 하나 사실은 원수가 되는 것입니다."

이 말을 들은 질문자는 "내가 나무 기르는 법을 물었다가 사람 기르는 법을 알게 되었노라"고 기뻐했다고 한다.

환경론(1): 환경, 2005년의 희망[11]

　나는 노무현 정부가 무섭다. 행정수도 같은 공약은 내가 있는 충남·대전 지역 외에는 공감대가 크지 않은데도, 그리고 불가하다는 헌재의 판결이 났는데도 어떻게 해서든 (모양새를 약간 바꾸어서라도) 추진하려 한다. 그런가 하면 환경을 지켜달라는 민중의 소리에는 귀를 막고, 심지어 환경을 지키겠다는 대통령 자신의 공약마저도 '선거 전 공약은 모두 지킬 수 있는 게 아니다'라는 이유로 저버린다. 그러는 동안에 서패산 터널 공사는 계속되고 지율스님이 지키는 천성산마저도 위태롭다. 정부는 곳곳에서 그린벨트를 해제하고 있고(해양 그린벨트를 포함해서), 골프장 230개를 건설할 방침이며 새만금 방조제도 법원판결만 나면 계속 추진할 태세다. 환경단체들과 기타 시민·학술 단체 등 110여 개의 단체들이 현정부를 '녹색색맹'으로 규정하고 환경비상시국 선언을 한 것은 공연한 일이 아니다.

　우리나라는 환경과 관련해서 좋은 점과 나쁜 점을 두루 가지고 있다. 좋은 점은 지진이 잘 나지 않는 온대지역에 속해 있으며 토질이 좋아 양질의 음료수를 얻을 수 있고 산이 많아 산업화의 광풍에도 불구하고 아직도 녹지대를 많이 보유하고 있다는 점과 바다와 섬과

---

[11] 이 글은 『한국일보』 2005. 1. 12, 「아침을 열며」欄에 실린 <환경, 2005년의 희망>의 원문임.

갯벌을 마음껏 향유할 수 있는 자연조건이 있다는 점 등이다. 나쁜 점은 인구밀도가 조밀해서 수자원 소비가 많고 쓰레기와 생활하수를 많이 배출하고 에너지를 많이 쓴다는 것, 토지가 작아 농업국가가 될 수 없고 공업에 매달려야 하는데 공업은 이산화탄소와 각종 폐기물 등 독성 있는 공해물질을 다량 배출할 수밖에 없다는 것 등이다. 이 좁은 나라에서 이 많은 인구가 자자손손 살아가려면 환경을 사랑하고 아껴서 환경에 주는 부담을 최대한 줄여야 할 것은 두말할 나위가 없다. 그래야 조상으로부터 받은 아름다운 강토를 크게 손상 입히지 않고 후손에게 물려주게 된다.

그런데 우리의 환경정책은 '우리에게 내일은 없다'는 말이 적합한 것 같다. 환경파괴의 주된 원인 중의 하나는 이른바 국책사업이다. 우리나라의 국책사업은 환경보호를 뒷전으로 보낼 만큼 강력하고 신성하다. 근대화의 초기단계를 확실히 통과하고 개인당 국민소득 1만불 정도에 와 있는 이즈음, 이제는 맹목적인 개발일변도의 생각에서 벗어나 우리의 개발 프로그램이, 또는 '국책사업'이 환경에 주는 영향을 생각해 보고, 그 예상되는 부작용에 대해서 충분한 대책을 세우거나, 아니면 그것을 중지하여야 할 때가 되었건만, 현실은 정반대로 정부가 앞장서서 환경파괴를 자행한다. 그것이 내가 노무현 정부를 무서워하는 이유 중의 하나다.

새만금은 아직도 이 정부의 잘못된 환경정책과 일부 국민의 잘못된 환경의식을 대변해 준다. 갯벌은 수질을 정화하고 인간에게 좋은 먹을거리를 제공하고 물고기의 산란장이 되며 철새의 휴식처가 되고 해일 또는 태풍이 발생할 때 완충지대가 됨이 잘 알려져 있건만, 정부는 지금도 그것을 없애고 싶어 한다. 있는 농토도 농사짓지 않으면 보상금을 주는 마당에 농토가 더 필요한 것일까? 공장부지를 조성했음에도 입주업체가 없어서 비어 있는 땅도 많은데(요즈음엔 외국으로 공장을 옮기는 일도 많다) 공장부지가 더 필요한 것인가? 아니면 천혜의 갯벌을 죽음의 땅인 골프장과 바꾸려는 것인가?

나는 조상에게서 받은 땅과 갯벌을 난도질하고 망쳐놓을 권한이 우리에게 없다고 생각한다. 우리에게는 우리의 삶에 없어서는 안 될 만큼 최소한의 개발만 하고 그 나머지 환경을 그대로 자손에게 전달할 의무만이 있는 것이다. 그것이 환경윤리이다. 나는 인간이 토지를 '소유'한다는 사실을 의심한다. 인간이 토지를 소유한다면 그것은 일시적, 잠정적으로 점유하고 사용하는 것을 편의상 그렇게 표현하는 것 뿐이다. 인간이 있기 전에 토지는 있었고 인간이 소멸한 뒤에도 토지는 남아 있을 것이다. 토지는 조상들이 아득한 옛날부터 사용해 온 것이고 후손들이 머나먼 미래까지 사용할 것이며, 날아오는 새, 찾아오는 짐승, 그곳을 삶의 터전으로 삼는 지렁이, 두꺼비, 미생물과 공유하는 것이다. 인간은 토지를 품을 수 없지만 토지는 인간을 품어 준다. 유한자가 무한자를 소유할 수 없듯이 인간은 토지를 '소유'할 수 없다. 공주 박물관에 있는 무령왕능 묘지석(墓誌石) 중의 하나는 매지권(買地券)으로 불린다. 이 돌은 묘지를 위해서 땅을 산 증서로서 토지신(土地神), 곧 토왕(土王), 토백(土伯), 토부모(土父母) 등으로부터 이천(二千) 석(石)을 주고 샀음을 밝혀 주고 있다. 대지(大地)

의 주인은 자연 자체이며, 우리가 불가피하게 그것을 사용할 때에는 대자연(大自然)의 허락을 받아야 한다는 사상이, '국책사업'이라는 '거룩한' 이름으로 아름드리 소나무를 마구 자르고, 산이며, 강이며, 해안선이며, 섬 전체까지를 불도저로 마구 파괴하는 이 시대에 더욱 절실하다.

환경론(2): 곡(哭), 조국강산[12]

　강산은 국토의 다른 이름이다. 강은 산과 더불어 국토를 구성하는 주요 요소인 것이다. 그런데 그 강이 위태롭다. 아니 풍전등화의 처지에 있다. 그것도 외적의 침입으로 토붕(土崩)의 위기에 처한 것이 아니라 우리가 뽑은 우리의 통치자가 우리가 낸 세금으로 반만년 역사를 이어온 민족의 강을 파괴하려 들고 있다. 강은 물, 수초, 여울, 소용돌이, 물고기, 모래, 자갈, 둑, 주변의 나무 등이 한데 어우러져야 강이지, 모래·자갈을 걷어내고 여울을 없애고 흐름을 바꾸어 직선화하고, 수많은 댐과 보를 만들어 물의 흐름을 저해하고, 수초도 물고기도 없어진다면 그것은 더 이상 강이 아니다. 이대로 간다면 반만년 역사를 민족과 함께 해 온 겨레의 강들은 사라지고, 그 자리엔 인공호소(湖沼)와 수로(水路), 유사운하만이 남으리라.

　나는 강을 없애서 댐과 인공호수와 수로를 만드는 파강위소(破江爲沼)의 '사업'의 부당성을 지적하고, 풀리지 않는 의문점을 제기하려 한다.

　① 사업의 반역사성: 강은 우리의 역사와 겨레의 정신을 담고 있다. 3·1절 노래에도 "한강물 다시 흐르고…"라고 하지 않는가. 그 강

---

[12] 이 글은 2009. 9. 21 字『한겨레』신문 독자칼럼에 "5년 정권이 5천년 강산을 부숴도 되는가"라는 제목으로 발표된 글의 원문임.

을 포클레인과 불도저로 까뭉개는 것은 바로 우리의 역사를 까뭉개는 것이다.

② 사업의 반민주성: 22조원이 넘는 국민의 세금을 강을 부수는 데 쓰라고 국민은 동의한 적이 없다. 세금은 그것의 원래 임자가 국민이기 때문에 당연히 국민의 뜻에 맞게 사용되어야 한다.

③ 사업의 반환경성: 우리의 강은 수천 수만년의 기상 조건과 물 흐름의 결과로 만들어진 것이다. 우리의 기후와 지형이 변하지 않은 상태에서 물 흐름만 인공적으로 바꾸어 놓으면, 자연의 힘은 부단히 원상회복 쪽으로 작용할 것이며, 그 과정에서 예상치 않은 재해가 발생할 것이다. 공사비 2,500억원의 댐 하나(임진강 군남댐 홍수조절지)를 건설하는 데도 4년간의 예비타당성 검토와 3년간의 환경영향평가를 하고 6년간 공사를 하는데, 공사비 22조원의 4대강 사업에 대해서는 예비타당성 검토는 90%를 생략하고, 단 넉달 만에 환경영향평가를 마치고, '질풍노도처럼 몰아붙여' 2년 만에 모든 공사를 마치려 든다는 것은 개발 광기라고밖에 말할 수 없다.

④ 사업의 반생명성: 수초와 모래, 자갈을 걷어내고 토목공사로 인해 탁류가 발생하고, 나아가 댐 건설로 물 깊이(이는 수압을 의미한다)가 달라지면 수천년 세월을 우리와 함께한 담수어들이 사라진다. 한국특산종 물고기들도 아무 영문도 모른 채 죽음을 맞이할 것이다. 새만금 그 소중한 갯벌에 깃들던 수많은 생명들을 말라 죽게 한 것만으로는 정녕 부족한 걸까?

⑤ 사업의 반문명성: 역사와 문화의 요람인 강(특히 4대강)을 일거

에 파괴하는 무모한 행동은 문명국이라면 도저히 있을 수 없는 일이다. 경천대와 하회마을을 포함한 수많은 문화유산, 유적지들이 수몰되거나 사라질 위기를 맞게 된다. 그런데 당국자는 4대강 공사로 사라질 문화유산, 유적지에 대해서는 관심조차 없다. 지표 조사나 유적지 조사도 유명무실하지 않은가?

⑥ 사업의 불투명성: 죽지도 않은 강을 왜 죽었다고 하는 것인지, 정작 강을 없애서 수로와 인공호수로 만드는 일을 가리켜 왜 강을 살리는 사업이라고 하는지, 왜 낙동강을 (이명박 대통령이 후보 시절에, 운하를 위해 필요하다고 한 깊이인) 8m에 맞추어 '준설'을 해서, 낙동강 주변 주민들이 필요로 하는 물의 열배 이상을 확보해야 하는지에 대해 국민은 알지 못하며, 당국은 이 사업의 결과로 정말 얼마만큼의 수해 방지 효과가 있을지에 대해서 변변한 답변조차 내놓지 못하고 있다. 정말로 무엇을 위한 사업인가? 이 사업의 정체는 무엇인가? 우리는 정직한 답을 원한다. 수해 방지를 위한 것이라면 수해가 훨씬 더 많이 나는 지천 정비에 힘써야 할 것이 아닌가?

나는 세 가지 의문을 제기한다.

첫째, 대통령의 권한은 무한한 것인가? 최근 지리산의 한 환경단체가 "산은 대통령의 것이 아니다"라고 선언했다. 맞는 말이다. 그런데도 당국자들은 조국의 강산이 전부 대통령의 것이라는 암묵적인 합의라도 얻은 것처럼 행동한다. 5000년 겨레의 강산을 5년 밖에 가지 않을 정권이 무자비하게 부숴도 괜찮다고 생각한다면 이 얼마나 무서운 세상인가.

둘째, 우리에게 관습법이라는 것이 있다면, 강을 파괴해서 수로와 인공호수로 만드는 일이 과연 관습법에 맞는가? 노무현 정권의 행정수도 기획단계에서 헌법재판소는 서울(옛 한양)이 한국인의 마음속에 관습적으로 한국의 수도로 자리 잡고 있다고 판결하였다. 그렇다면 서울이 수도가 되기 훨씬 전부터 겨레와 운명을 함께 해 온 강들은 어떠한가? 그들을 그대로 강의 모습으로 흐르게 놓아두는 것이 우리의 관습법이 아닌가? 우리의 관습법은 지금 어디에 갔는가?

셋째, 4대강 사업이라는 것이 많은 사람이 우려하듯이 한없이 어리석은 예산낭비며 국토유린임이 명백히 드러난다면, 정책입안·실행자들은 자신들이 낭비한 22조원과 환경원상복구비를 국가에 배상할 각오가 되어 있는가? 참고로, 22조원은 이명박 대통령이 '기부'했다는 331억 4,200만원의 664배에 해당하는 금액이다.

환경론(3): 행담도에 가려진 것13)

서울에서 서해안고속도로로 달리다 보면 충남 당진 못 미쳐 서해대교를 만나게 되고, 다리를 건너다가 마주치는 것이 행담도 휴게소다. 이렇게 쉽게 섬에 갈수 있다니… 하는 마음에서 휴게소에 들러 주변 경관을 살펴본 적이 있다.

그 행담도가 지금 유명해졌다. 내용은 자세히 모르지만 이른바 '행담도 개발 사업'을 추진하는 과정이 선명하지 않았고 사업 주체도 적합하지 않았던 모양이다. 나는 정작 행담도 사건에는 별 관심이 없다. 정작 나의 관심과 애도의 대상은 도로공사의 의지 하나로 사라져 갔으며, 그 후 아무도 관심을 아니 갖게 된 행담도 주변의 갯벌이다.

사라져 간 것이 어디 행담도 갯벌뿐이랴. 천수만 갯벌은 '현대'의 간척지로 바뀌어 있고, 저 광활한 새만금의 갯벌은 이제 단말마의 가쁜 숨을 몰아 쉬고 있지 않은가. 'S프로젝트' 사업의 대상지인 전남 영암과 해남의 간척지와 매립지 9,000만 평은 얼마나 큰 갯벌을 희생시키고 만들어졌을까? 그럼에도 지금 내가 행담도의 갯벌을 말하는 것은 크건 작건 자연을 훼손하는 원리는 동일하기 때문이다. 뭐든지

---

13) 이 글은 『한국일보』 2005. 6. 8. 「아침을 열며」 칼럼 기사임.

돈이 되는 사업에 눈이 어두워 우리 민족이 자연으로부터 받은, 돈으로 헤아릴 수 없는 가치가 있는 선물을 아무 거리낌 없이 훼손해 온 것이다.

개발로 사라지는 갯벌

자연 그 자체는 국민 모두의 것이고 국민 모두에게 한 없이 큰 혜택을 영구적으로 주는 것이지만, 천성산의 도롱뇽처럼 정책입안자를 설득할 힘이 없다. 힘 있는 편은 개발의 이름으로 민족의 자산인 자연을 파괴해서 그로부터 이익을 보게 되는 기업이다. 기업은 그 경제력으로, 때로는 뇌물을 동원해서, 정책입안자를 설득하고, 정책입안자는 절대 다수에게 무한대의 혜택을 영원히 제공하는 자연의 편에서 정책을 결정하지 않고 한시적으로 소수인만이 누리는 혜택을 노리는 기업과 개발론자의 편에서 정책을 결정하는 일이 빈번하다.

우리나라 어린이의 7분의 1이, 유아의 23%가, 천식이나 아토피 같은 환경성 질병에 걸릴 만큼 우리는 강력한 경고 메시지를 받고 있지만 국가 정책에서 환경 보전의 우선 순위는 늘 하위권이다. 천성산 사태에서 본 것과 같은 모순 투성이의 환경영향평가제도를 고치지 않는 것은 물론, 경제성도 타당성도 정당성도 없는 새만금 간척을 여전히 고집하는 환경색맹인 현 정부는 차치하고 각 지방자치단체의 반환경 정책 또한 만만치 않다.

지자체는 환경이 주는 무한정한 혜택에는 별 관심이 없고 그것을 '개발'했을 때 오는 단기적인 물질적 이익에만 관심을 갖고 그것에

'참여'하고 싶어 한다. 그러다 보니 태안·서산의 지자체처럼 다수의 골프장 건설을 골자로 하는 관광·레저 특구와 '관광레저형 기업도시'를 건설하겠다는 청사진을 제시하면서, 자기 지역의 생태자연도를 낮추어달라고 요구하는 사태가 생긴다. 이처럼 결연한(!) 지자체의 의지에 화답하여 주민들은 철새가 깃드는 갈대밭을 불사르고 폭죽을 터뜨려 철새들을 추방하고 있다.

지자체가 돈벌이에 급급

환경 보전의 마지막 보루가 되어야 할 지자체가 앞장서서 환경을 파괴해 '이익'을 창출하는 정책을 추진하는 것을 나는 두려운 눈으로 보고 있다. 그런 정책은 아름다운 우리 강산을 재앙의 땅으로 만들고 우리가 발붙일 곳조차 없앨 것이 명약관화하기 때문이다. 지자체는 기업이 아니고 존립 목적은 이익 창출이 아니다. 오히려 돈벌이가 되는 것이라면 무엇이든지 하려고 하는 기업을 견제해서 환경을 지켜내는 것이 지자체의 중차대한 임무다. "이익을 좇아 행하면 원망하는 이가 많아진다(放於利而行, 多怨.)", "위아래가 서로 이익을 취하려 들면 나라가 위태로워진다(上下交征利, 國危矣)"는 옛사람의 가르침은 지자체의 환경 정책에도 잘 들어맞는 말이다.

환경론(4): 쇠똥의 슬기14)

　인도 사람들은 거의 모두가 쇠고기를 먹지 않는다. 인도에서 소는 신성한 동물이기에, 거리를 마음놓고 걸어다녀도 막는 사람이 없다. 다수의 암소들은 인간이 도저히 먹을 수 없는 풀이나 추수하고 남은 찌꺼기, 시장터의 쓰레기 등을 먹어치우며, 인간에게 유용한 쇠똥과 우유, 노동력 등을 제공한다.
　쇠똥은 인도사회에서 뿐만 아니라 아프리카 여러 사회에서도 취사와 난방에 유용한 연료로 쓰인다. 또 흙바닥을 매끄럽게 하는 건축자재로 쓰이기도 하고, 아이들이 공깃돌 놀이를 하는데 사용하기도 한다. 인도의 소와 쇠똥은 에너지를 조금만 사용하고, 공해를 최소한만 배출하는 환경친화적 생활을 가능하게 해 준다.
　만약 인도인구 5억이 미국인들과 같은 생활을 한다고 해 보자. 엄청난 자원과 에너지가 소비되고 엄청난 공해가 발생할 것이다. 이를테면 1975년에 미국인은 일인당 12톤의 에너지를 소비하였는데 비에 인도인은 일인당 1/5톤의 에너지를 소비하였다. 미국인의 생활방식은 자연을 회복불능 상태로 파괴하고 인간의 생존조건을 위협할 정도로 공해물질을 만들어내는 방식이며, 인도인의 생활방식은 자연

---

14) 『유성소식』 2000. 5. 20. (유성구청)에 실린 글.

에 의지하되 자연을 전혀 해치지 않는 환경친화적인 방식이다.

만물의 영장이라는 자만심이 가득 찬 인간만이, 지구상의 어떤 생명체도 가지고 있는 슬기 —자연에 의지하되 그것을 망가뜨리지 않는 슬기—를 가지고 있지 못하다는 것은 서글픈 아이러니가 아닐 수 없다. 인간에게 그 슬기를 빼앗아 간 것은 물질적인 탐욕과 편리함을 추구하는 욕망이다. 인간은 더 큰 이익을 위하여 자연을 파괴('개발')하고 더 큰 편리함을 위하여 자원을 낭비한다. 이를테면 자전거 보다 승용차, 소형차보다 중(대)형차, 스틱보다는 오토매틱, 사계절(四季節) 난방차(煖房車)보다는 냉방차가 편리하겠지만 그만큼 자원은 낭비되고 공해는 커지는 것이다. 경제성장과 개발의 다른 얼굴은 자원낭비와 환경파괴이며, 지구를 인간이 살 수 없는 환경으로 만드는 과정이다. 견줄 바 없이 아름답고 너그러운 것이 우리들의 지구(地球)이지만 그것은 60억 인간의 온갖 탐욕과 편리추구를 다 받아줄 만한 여력(餘力)을 가지고 있지 않다. 그래도 지금 우리가 이렇게 숨이라도 쉴 수 있는 것은 경제성장과 산업화 덕분이 아니라 아직도 쇠똥에 의지해서 살고 있는 상당수의 사람들이 남아 있기 때문인 것이다.

환경론(5) : 성장괴담(成長怪談)15)

　우리는 종종 '사소한'것에 목숨을 건다. 그것은 우리의 삶의 본질과 동떨어진 것을 본질적인 것으로 여기고, 본질적이고 중요한 것을 대수롭지 않게 생각하는 우리들의 어리석은 습성 때문일 것이다. 사소한 일에 목숨을 걸 때 참된 '나'는 없어지고 외적(外的)인 조건에 지배되는 의곡(歪曲)된 '나'가 있을 뿐이다. 우리는 자칫하면 유형(有形)의 것에 빠져서 자신을 잊어버리기 쉽다(守形而忘身. <莊子>).
　비본질적인 것을 본질적인 것으로 여기고 중요시하는 태도는 경제성장과 개발에 관한 우리의 태도에서도 찾을 수 있다. 우리는 국민소득 일만불(弗) 달성에 자부심을 갖고 해마다 더욱 높은 경제성장이 이루어지기를 바란다. 무리도 아니다. 오늘날 우리의 국력이 이만큼 성장하고, 이만한 생활수준을 누리는 것은 급속한 경제성장의 효험이 아니겠는가!
　그래서 우리는 경제성장이 갖는 생태학적, 환경적 의미와, 그것이 무한(無限)히 계속될 수 없다는 엄연한 사실에 눈감기 쉽다. 경제성장의 환경적 의미는 재생이 불가능한 자원을 더욱 많이 소비하고, 그 결과 치명적인 독소(공해물질)들을 공기와 물과 토양에 엄청나게 쏟

---

15)『문화유성』 2000. 8 (유성문화원)에 실린 글.

아붓고, 그것도 모자라 성층권(成層圈)의 오존層에 구멍을 내는 것이다. 그리고 지구가 수억~수십억년을 보존해온 자원에는 한계가 있는 만큼 경제성장은 결코 무한히 계속될 수 없다. 경제성장이 무한히 계속될 것이라는 기대와, 그것이 인간의 행복을 계속해서 증진시켜 주리라는 기대는 비현실적인 괴담(怪談)이다. 경제성장의 결과 지구가 인간의 생존적소(生存適所)의 조건으로부터 더욱 더 멀어져서 인간의 생존이 위협받게 된다면, 그것을 어찌 인간행복의 증대와 동일시 할 수 있을 것인가.

경제성장의 부정적인 일면을 말해 주는 것이 기계의 성장이다. 오늘날 이 땅에 기계가 보급되는 양상을 보면, 기계의 성장은 인구성장을 앞지른다는 것을 알 수 있다. 거의 모든 사람이 들고 다니는 휴대전화기와, 거리마다 넘쳐나는 자동차들이 증가되어 온 속도는 같은 기간에 인구가 증가된 속도보다 훨씬 큰 것이었다. 기계성장의 부정적 효과는 인구성장의 경우보다 훨씬 크다. 인구가 늘어나면 식량과 물을 많이 소비하고, 생활하수로써 하천을 오염시킬 뿐이지만, 기계성장의 결과는 재생불능의 소중한 자원을 낭비하고, 인간이 남기는 것보다 훨씬 유해한, 치명적인 독성물질들을 공기, 물, 토양에 뿌려놓는 것이다. 그 독성물질로 인해 도시의 대기는 뿌옇고 숨쉬기 어려우며, 지하수는 마시기 어렵고, 하천에는 고기들이 죽어가며, 기상재해, 가뭄, 오존층파괴, 산성비, 산성안개, 해수면상승 등 여러 가지 징후들이 인간의 생존을 위협하고 있다.

인간의 생활 자체를 가능하게 해 주는 환경을 잘 보존하는 것보다

물질적 이익을 추구하는 데서 보람을 느끼는 태도를 잘 말해 주는 것이 갯벌의 파괴 또는 개발이다. 갯벌은 인간에게 갖가지 조개 등 수산물을 제공하고, 물고기에게는 산란처(産卵處)와 서식지(棲息地)를 제공하며, 바다로 밀려드는 공해물질을 걸러 바다물의 정화(淨化)에 기여하는 고마운 존재이다. 그러나 지금도 당국과 일부 인사들은 조그만 이익(농토, 관광사업 등)을 위해 주저없이 갯벌을 파괴한다. 그 결과 생태계가 파괴되고, 어민은 자자손손(子子孫孫)이 수산물을 얻을 수 있는 터전을 잃게 되고, 국민은 더욱 오염된 바다에서 잡은 물고기를 식탁 위에 올리게 된다. 갯벌이 주는 이익이 잘 알려진 오늘날에도 여전히 그것을 파괴하는 사례가 있는 것을 보면, 환경보전보다 집단의 이익을 중시하는 오래된 관행이 시들지 않은 것을 알 수 있다.

우리는 '사소한' 것에 목숨을 걸 필요가 없다. 우리는 삶의 본질과 동떨어진 것을 본질적인 것으로 여기고, 본질적이고 중요한 것을 대수롭지 않게 생각하는 어리석음(愚)을 범하지 말아야 한다. 인간도 숨쉬고 먹고 마시고 휴식해야 하는 동물이기에, 생존에 적합한 환경은 인간의 삶에 직결되는 것이며 가장 본질적인 것이다. 그러므로 우리는 성장중심, 개발중심의 생각에서 환경중심의 생각으로 발상(發想)을 전환하여야 한다. 성장과 개발이 단기적으로는 물질적 이익을 보장해 줄지 모르지만 장기적으로는 인류의 절멸(絶滅)을 앞당기는 과정이 될 수 있다는 것은 그냥 지어내서 하는 말이 아니다.

생사론(生死論): 변화하는 장례문화16)

마지막 통과의례

우리 모두는 살아가면서 다양한 삶의 단계를 거친다. 어린 시절 개구쟁이, 학생, 청년, 직장인, 장년, 미혼자, 기혼자, 아이들의 어버이, 은퇴한 노인…. 이 모든 것이 우리들의 삶의 단계를 나타내는 말이다. 우리는 한 단계에서 다음 단계로의 이행(移行)이 점진적으로 이루어진다고 생각하지 않고 어느 순간에 완벽하게 이루어진다고 생각하고 그 시점을 기념한다. 그것이 통과의례이다. 성인식, 결혼식, 입학식, 졸업식 모든 것들이 통과의례이다. 그리고 우리들 모두는 최후의 중요한 통과의례 하나를 남겨두고 있다. 장례식 말이다. 다른 의식(儀式)과는 달리 우리가 적극적으로 참여하지 못하고 단지 소극적으로만 참여하는 것이 장례의식이지만 통과의례로서의 의미는 다른 어떤 의례에 못지 않게 크다.

생사순환

통과의례로서 장례의 의미는 크지 않을 수 없다. 바로 삶과 죽음을 경계짓는 일이기 때문이다. 삶과 죽음은 전혀 동떨어진 현상처럼 보이지만 사실 이들은 동전의 양면과도 같다. 산이 있으면 골짜기가

---

16) 『충남대학교 병원보』(2001) 통권 91호에 실림.

있고 양달이 있으면 응달이 있듯이 삶이 있으면 죽음이 있는 것이 아무도 거슬릴 수 없는 천리인 것이다. 우리가 하루를 살면 하루만큼 죽음에 가까이 간다고 말할 수 있을 만큼 삶과 죽음 사이에는 떼어놓을 수 없는 관계가 있다. 그래서 공자는 "삶을 모르는데 어찌 죽음을 알리오?"라고 말씀하셨다지만 오늘 우리는 삶을 알면 그것이 죽음을 아는 것이며, 죽음을 알면 그것이 삶을 아는 것이라고 말할 처지에 있다.

우리는 정말로 삶 중심으로 세상을 본다. 그래서 내가 살아 있는 것이 정상적인 상황이고 죽는다는 것은 예외적이고 비정상적인 현상으로 보려한다. 그것을 거꾸로 생각할 수도 있다. 희랍의 철학자 엠페도클레스가 생각했듯이 地·水·火·風 四大가 모여서 생명이 되었다면 모여 있는 것은 순간 또는 찰나이며 이들이 흩어져 있는 것은 무한(無限) 겁(劫)이다. 그렇다면 무한겁의 무기물의 상태(Freud가 말한 thanatos, 유기체 이전의 상태, 곧 죽음)가 정상태이고 짧은 기간의 유기체의 상태(곧 우리의 삶)가 예외로 보일 수도 있다. 이처럼 생사윤회는 모임(聚)과 흩어짐(散)의 반복이다. 장례는 대자연의 위대한 순환법칙의 한 싸이클을 기념하기 위한 것이다. 삶도 죽음도 대자연의 위대한 순환법칙의 한 부분임을 알면 장례에 대한 우리의 태도도 달라질 수 있다.

장례문화

요즈음에 장례문화가 어떠해야 하는지에 대해서 깊게 생각하고 생각한 바를 실천에 옮기는 이가 늘어나는 것은 반가운 일이다. 장례는 우리가 대자연으로부터 차입(借入)해 온 우리의 육신을 대자연에 반환하는 절차이다. 우리는 장례를 통하여 한 사람이 어쩌면 찰나에 지나지 않는 기간동안 유기체로서 존재하기를 끝내고, 그의 삶 이전에 그러했던 것처럼 무기체의 상태로 복귀하는 것을 기념하는 것이다. 그리고 그 길은 장례의 당사자는 물론 장례식에 모인 모든 사람들에게 마련되어 있는 길이기도 하다.

요즈음의 장례의식이 생사순환의 의미를 되새기며, 순환의 한 단계를 애써 마친 사람에 대한 경의를 잘 표할 수 있는 방향으로 가고 있는 것은 바람직한 일이다. 상과호애(喪過乎哀)라 하여 장례에는 슬픔을 표현하는 것이 조금 지나쳐도 무방하다는 성현의 말씀이 있긴 하지만 장례에는 슬픔을 표하는 것과 함께, 그것이 대자연의 순환법칙의 중요한 단면임을 되새기는 것이 중요하다. 하늘은 우리에게 빛과 함께 그늘을 주었으며, 삶과 함께 죽음을 준 것이 아닌가.

장례의식이 중요한 통과의례인만큼 그것은 그에 걸맞는 장소에서 엄숙하게 거행되어야 할 것이다. 우리는 삶 중심의 생각에 젖어서 결혼식, 회갑연 등은 성대하게 거행하면서도 장례식은 초라하게 거행하는 수가 많다. 한 인간이 어떤 인연으로든 이 세상에 왔다가 가는 마지막 자리는 그가 살아온 인생의 의미를 되새기는 뜻깊고 엄숙한 자리가 되어야 할 것이다. 그래서 필자는 오랫동안 왜 세상에 결혼식장은 있고 장례식장은 없는지 이상하게 생각해 왔다. 이즈음에 장례식장이 만들어져 장례의 의미를 살릴 수 있게 된 것은 다행스러운 일이다.
 장례를 통해서 한 사람은 떠난다. 아니면 흩어진다는 표현이 적당할지도 모른다. 그것이 자연이 법칙이라면 떠나는 이를 호화로운 분묘로써 붙잡아두려는 시도는 바람직하지 않다. 떠나는 이는 훌훌 털고 떠날 수 있도록 도와 드려야 한다. 화장이나 납골도 좋은 방법이다. 그리고 우리들 자신도 때가 오면 우리가 정들였던 이 세상을 미련없이 버림으로써 이 지구를 남아 있는 생명체에게 남겨 줄 준비를 하여야 한다.

정치론: 국민의식과 사회개혁17)

개혁의 당위성과 일상성

언제부터인지 개혁(改革)은 우리에게 당연하면서도 일상적인 개념이 되어 버렸다. 과거의 정권도 현재의 정권도 개혁을 사명인 양 내세우고 그것을 그 정권의 존재의의인 것처럼 말해왔다. 심지어 민중의 적(敵)으로 여겨진 바 있는 내노라하는 독재정권도 개혁을 표방함으로써 억지로 자신을 합리화하려 하였다. 전(前) 정권의 개혁은 또 어떠하였는가? '역사를 바로 세우기'는 결국 반성 없는 자에 대한 사면(赦免)으로 퇴색하고, 국제화·세계화라는 거창한 변혁은 미증유(未曾有)의 환난(換難)을 초래함으로써 다수 국민을 고통으로 몰아넣었다. 일이 이쯤 되니 <국민의 정부>의 '의욕적인' 개혁을 많은 사람들이 회의(懷疑)의 눈으로 바라보는 것은 이상한 일이 아니다.

그럼에도 불구하고 개혁은 우리들의 당위이다. 그리고 이왕(已往)의 개혁에 미진함이 있었다면 그것을 거울삼아서 더 완전한 개혁을 도모하여야 한다. 인간이 만든 제도는 원래 완전할 수 없으므로 늘 개혁의 여지가 있거니와, 시간이 지남에 따라 제반 사정과 상황이 변하기 마련이므로, 이에 맞추기 위해서라도 개혁은 필수적이다. 조선시대의 명유(名儒)이자 개혁사상가인 율곡선생의 표현대

---
17) 『한국발전 리뷰』 제88호(1999년 8월)에 실림(한국발전연구원).

로 "시간이 지나면 일이 변하며, 법(제도)이 오래되면 폐단이 생기는 것"(時移事變 法久弊生)이니, 그러한 폐단을 없애기 위해서라도 개혁은 필수적인 것이다.

개혁의 원리, 원칙, 방향

역대 정권이 그토록 큰 목소리로 표방(標榜)해 왔고, 현 정권도 나라가 떠나가도록 외쳐대는 '개혁', 그 '개혁'의 많은 부분이 그다지 성공적이지도 못했고, 많은 사람들의 기억 속에 오히려 부정적인 이미지로 남아 있는 까닭은 무엇일까? 왜 약(藥)이 되기를 바라면서 하는 개혁이 오히려 병(病)으로 여겨지는 일이 흔한 것일까?

개혁이 성공적이려면 그것은 국민 전체의 복리를 증진시키는 방향의 것이어야 한다. 반대로 국민 일부(특히 소수 특권층)의 이익을 증진시키되 국민 다수의 이익에 손상을 입히는 개혁은 아무리 미사여구로 포장한다고 하더라도 성공적일 수 없다. 이를테면 녹지대(綠地帶)의 개발제한을 해제하여 개발하는 행위를 소수 이해당사자들은 매우 합리적이고 잘된 개혁으로 여기겠지만, 궁극적으로는 자손만대에 거쳐 누릴 자연을 훼손하는 일이기 때문에 잘된 개혁이라고 할 수 없다. 이즈음 정가 일각에서 운위되는 내각제 정치제도가 쉽게 국민의 합의를 모으지 못하는 것은 그것이 국민전체의 복리를 증진하는 데 기여하기보다는 그것을 주장하는 일부 정당 및 정치인의 이익 증진에 기여하리라고 믿는 사람들이 아직도 많기 때문이다. 오직 특정 개인과 집단의 소아적(小我的) 이익을 도모하지 않고, 전체 국민의 대승적(大乘的) 이익을 도모하는 개혁만이 우리가 바라는 개혁이다.

그러므로 어떤 개혁이 바람직한 것인지의 여부를 알기 위해서는 그것이 특정 개인이나 집단의 이익(私利)을 증진시키는데 기여하는 것인지, 아니면 국민 전체의 이익(公利)에 기여하는 것인지를 판단해 보아야 한다. 술집들에 대해서 밤새 영업하도록 허용한다면, 술집의 경영 상태에는 도움이 되겠지만 손님과 종업원의 수면부족과 과음에서 오는 생산성 악화 및 양주의 과다소비로 인한 외화낭비라는 부작용이 예상된다. 우리는 일찍이 우리의 덕유산(德裕山)에 일개 기업의 이익을 위해서 스키장과 골프장을 마구 허용하고, 그 결과 우리의 명산(名山)에 돌이킬 수 없는 상처를 입혔던 일을 기억한다.

그러면 왜 공익(公益)보다는 사리(私利)를 앞세우는 '개혁'이 그렇게 자주 일어날까? 그것은 정책 입안도 결국 개인이 하는 것인데, 어떤 개인도 자신의 집단적 이익을 의식하고 그로부터 영향받고 있을 뿐 아니라, 금전적·물질적 유혹에 약해 질 수도 있기 때문일 것이다. 건설을 자신의 사명으로 여기고 있는 건설 담당 공무원이 환경단체가 조금 시끄럽게 군다고 해서 건설 계획을 취소할 가능성은 매우 적다. 그는 건설만이 살길이라는 삶의 태도를 가지고 있는데다가 여러 건설업자들을 실망시키는 데는 익숙해 있지 않기 때문이다.

그렇다면 부분적 이익을 벗어날 수 있는 국민 다중(多衆)이 개혁을 감시하고 이끌어 가야 한다. 우리는 국민 다중(多衆)의 개혁운동 내지 개혁 감시 운동의 역사를 가지고 있다. 지난 '87년에 있었던 항쟁의 결실로 대통령 직선제를 얻어 낸 것이 한 예(例)이며, 오늘 날 동강(東江) 살리기 운동에 환경단체를 위시하여 전 국민이 참여하고 있는 것이 다른 한 예이다. 국민의 감시가 없이는 개혁이 성공적이기 어려우며, 성공적 개혁을 위해서는 국민이 깨어 있어야 한다.

국민의식과 사회개혁

왜 민주주의는 하루아침에 이루어지지 않는 것일까? 그리고 왜 누군가가 말하기를 이 땅에 민주주의를 꽃 피우기는 쓰레기통에서 장미꽃을 피우기보다 더 어렵다고 했을까?

민주주의는 국민의식이 성숙하기 전에는 이루어질 수 없다. 성숙한 국민만이 정부를 감시하여 위정자가 (모든 국민의 이익이 아닌) 자신의 이익을 위한 개혁을 시도하는 것을 저지(沮止)할 수 있기 때문이다. 곧 국민의식의 청정(淸淨)함과 국민을 위한 사회개혁은 함께 가는 것이라고 할 수 있다.

과거 왕조 시대에는 왕이 모든 권력을 가졌다. 그 때문에 개혁의 잘・잘못은 모두 王의 책임이었다. 오늘날의 문제는 이와 다르다. 비록 집권자는 늘 민중과 그 이익을 달리한다는 마키아벨리의 생각이 옳다 해도 민중은 선거를 통해서 최소한의 영향력을 행사할 수 있다. 그렇기 때문에 오늘날의 민중은 개혁의 책임을 위정자와 분담한다.

사회개혁을 위정자에게만 맡겨 두었을 때, 그것이 반드시 바람직한 방향으로 실현되리라고 기대할 수는 없다. 앞서 말한대로 위정자는 늘 부분적 이익에 치우친 판단을 할 개연성이 크기 때문이다. 오직 깨어 있는 민중만이, 정권의 잘・잘못을 준엄하게 심판하는 무서운 투표와

시민운동 및 여론형성 등을 통하여 올바른 방향의 개혁을 실현할 수 있다. 바른 방향의 사회 개혁을 위하여 무서운 힘을 발휘할 수 있는 민중의 요건은 정실(情實)과 학연·지연 등에 매이지 않고 정의와 공익을 기준으로 해서 사람과 사물을 판단하는 것이다. 이를테면 군인으로서 상관과 통수권자에게 반역하는 일이 범죄이며 있어서는 아니 되는 일이라면, 그것은 나의 고향 사람이 한 일이라도 잘못된 일이고, 20년·40년 전에 일어난 일이라도 잘못된 일이다. 만약, 고향 사람이 한 일이니까 그러한 중대 범죄도 잘 한 일로 여기고, 오래 전에 일어난 것이니까 '과거를 묻지 마세요'라고 한다면, 민중은 범죄의 감시자 노릇을 포기하는 것이며, 이러한 범죄가 또 일어날 수 있는 여지를 남겨 두는 것이다. 그 옛날 반민특위(反民特委)를 해체하고 민족반역자를 벌하기는커녕 우대한 정권을 지지한 민중은 개혁의 파수꾼 노릇을 제대로 하지 못한 것이며, 결국 그 정권의 업신여김의 대상이 되었던 것이다.

이 사회의 개혁과 발전을 위해서 민중은 깨어 있어야 한다. 그들은 깨알 같은 일신상의 이익을 위해서 국가와 국민을 망치는 방향으로 판단하고 행동해서는 아니 된다. 『주역(周易)』에서도 "작은 이익에 매어서 큰 일을 그르치는 것"(係小子 失丈夫. 隨 六二)을 경계한 바 있다. 그들의 판단은 정의롭고 슬기로워야 하며, 그들은 타인에게 적용하는 규칙을 자신에게도 적용할 준비가 되어 있어야 한다. 완벽하지는 않지만 민주주의를 지향하는 사회에서 민중의 권리가 늘었다면, 그들의 책임도 그만큼 는 것이다.

농업론: 국책사업과 농촌 살리기[18]

나는 '국책사업'을 별로 달갑게 생각하지 않는 편이다. 그것이 선거와 관련된 것이거나 주민들의 지지와 관련된 것이라면 특히 그러하다. 대표적인 것이 새만금 개척사업이다. 그것이 쌀이 부족하던 일제시대라면 일리가 있다. 그러나 있는 땅도 휴경하고, 환경이 중시되고, 삶의 질에 관심을 갖는 오늘날에는 의미 없는 일이다. 독일 바텐메어 개펄국립공원처럼 우리도 이곳을 생태낙원과 생태실습장으로 만들어야 한다.

행정도시도 적어도 십조 원 이상이 소요되는 평지풍파로 밖에 보이지 않는다. 토지의 균형발전이라는 슬로건에 누가 반대하겠는가. 그런데 충남 연기에 행정기관을 이전하는 것이 강원도와 경상도의 '균형발전'에 무슨 도움이 되겠는가. 정말 도움이 된다면 강원도민과 경상도민도 행정수도건설을 촉구하는 시위에 동참해야 하지 않을까. 그리고 민족의 염원인 통일을 영원히 버릴 것인가. 통일 후에는 또다시 행정수도를 건설한다고 법석을 떨 것인가. 균형발전은 차라리 지방에 산업하기 좋은 여건을 조성하는 것이 첩경이 아닐까?

---

[18] 이 글은 『한국일보』 2005. 2. 23. 「아침을 열며」 칼럼의 기사임.

행정수도 균형발전과 무관

　농촌 살리기를 국책사업으로 하는 것은 국토균형발전을 위한 특효약이다. 농촌은 전국 구석구석에 두루 분포되어 있기 때문이다. 농촌 살리기는 비록 어려운 일이기는 하지만 불가능한 일은 아니며, 어렵다고 해서 포기할 일도 아니다. 행정수도나 고속전철에 드는 수십조의 비용을 농촌 살리기에 체계적으로 투입하면 그만한 성과가 있으리라고 확신한다.

　농촌 살리기가 불가능하지 않다는 것은 이미 성공적으로 영농을 하는 농가와 농촌이 국내와 국외에 있기 때문이다. 성공사례를 잘 연구해서 각 지역에 맞도록 보급하고 뒷받침해주는 것이 국가의 몫이다. 이를테면 그 지역의 기후풍토에 맞는 작물을 선정하고, 유기농업 등으로 고품질·고가격 상품을 생산하며, 국가의 품질인증제도를 활성화하고, 판로를 확보하되, 보장된 품질의 상품을 지속적으로 공급하는 체계를 갖추도록 국가나 농협에서 유도하는 것이다. 또한 한살림 공동체에서 하고 있듯 생산자와 소비자를 연결시켜 유통마진을 줄이는 것도 좋은 방법이며, 포도를 가공하여 포도주를 만들듯이 농산품의 부가가치를 높이는 것도 바람직하다.

　이제는 농산물도 공산품처럼 품질관리가 이루어져야 하고, 각각의 브랜드를 소비자에게 인식시켜야 한다. 양으로 승부하는 농업은 이제 살아남을 수 없다. 뉴질랜드의 키위와 일본의 쌀은 우리에게 많은 것을 말해준다. 뉴질랜드의 키위재배농민도 1980년대 초에는 과다경쟁과 생산보조금 감소, 가격폭락으로 큰 어려움을 겪었다. 그러나 그들은 힘을 합해 단일 브랜드의 회사를 설립하고 품질관리를 철저히 하고 수출창구를 단일화해서 오늘날 세계에서 가장 큰 키위 생산·수출 회사가 됐다. 그 회사에서 최근 제주도에 키위농장을 만들고 있다.

쌀 수입개방에 직면한 일본의 농부는 고급 쌀 개발에 성공했고 일본 국민의 70%가 "외국 쌀이 아무리 싸도 일본 쌀을 먹겠다"고 생각하기에 이르렀다. 뉴질랜드의 농부와 일본의 농부가 한 일을 우리 농부가 하지 못할 이유가 없다. 우리는 이미 다수확 쌀을 육종한 경험이 있지 않은가. 오랜 미작문화의 전통을 가진 우리가 아주 질이 좋은 쌀을 생산하지 못하리라는 법은 없다.

농촌투자가 더욱 효율적

농촌 살리기는 포기할 수 없는 우리의 과제이다. 우리나라의 식량자급율은 겨우 25%이며 쌀 이외 곡식의 대외의존도는 97.4%에 이른다. 석유파동이 가끔 있어왔듯이 식량파동도 언제 닥칠지 모르는 것이며 이는 국가안보와도 직결되는 문제이다. 농촌을 살리는 것은 국토 균형발전에 기여하는 길이며, 식량주권을 지키는 길이고, 논과 같은 습지를 보존하여 생태계를 안전하게 지키는 길이기도 하다. 농업은 우리의 생명산업이다.

인권론: 한류, 욘사마, 싸리난, 아크프나르 …19)

　욘사마 배용준의 기자회견이 문제가 된 적이 있다. 내용인즉 지난 3월 17일 삼척시의 영화촬영 현장에서 가진 기자회견 현장에서 '독도문제에 대해 견해를 밝혀 달라'는 질문을 받고 "지금은 영화에 대한 얘기를 하는 자리이지 독도에 대한 얘기를 할 자리가 아니라고 생각한다."면서 확신 있는 답변을 하지 않았다는 것이다. 배용준 씨의 답변이 틀린 말은 아니다. 그 자리는 영화에 대한 얘기를 하는 자리였고 독도에 대한 얘기를 하기 위한 자리가 아니었다. 배용준 씨가 독도전문가가 아님은 두 말할 나위도 없다. 그럼에도 이 '사건'이 길게 여운이 남는 것은 일제 침탈에 따라 나라를 빼앗긴 기억이 아직도 생생해서일 것이다. 독도는 바로 그 침탈의 전초기지였으며 최초의 제물이었던 것이다.
　한류(韓流)는 기회다. 아시아 여러 나라 국민들이 즐거운 마음으로 한국의 문화산물을 대한다는 것은 대단한 일이다. 우리는 무대 위에서 각광(脚光)을 받는 배우처럼 아주 쉽게 우리 문화의 특징을 보여주고 우리의 주장을 전파할 수 있는 처지에 있다. 또한 한때 '황신혜 귀고리'가 널리 퍼지고 드라마에 나온 가구가 불티나게 팔린 일이

---

19) 이 글은 『한국일보』 2005. 4. 27. 「아침을 열며」 칼럼 기사임.

있는 것처럼 한국산 제품들이 한류를 타고 폭넓게 보급되기 때문에 한류는 경제적으로도 활용가치가 큰 기회다. 자본주의 사회에서는 모든 것이 경제적 가치로 환산됨으로 많은 사람들이 한류의 경제적 가치를 계산하고 그것으로 만족하는 듯하다. 그러나 배용준 씨의 인터뷰 사건에서도 볼 수 있듯이 한류는 경제적 가치 이상의 기회다. 바로 국가 이미지를 높일 수 있는 기회인 것이다. 수많은 아시아인들이 주목하고 있는 동안 한국과 한국인이 정의로운 존재임을 알릴 수 있는 좋은 기회인 것이다.

한류에 역행 '산업연수생'

그런데 우리나라의 '산업연수생'제도는 한류에 역행한다. 산업연수생은 우리가 필요로 해서 데리고 온 인적 자원이다. 외국의 손님들을 데려다가 인간 이하의 대접을 하고 생존선 이하의 임금을 주어 (왕왕 체불도 한다) 불법체류자가 되게 하고, 작업장에 안전장치도 제대로 하지 않고 안전교육도 제대로 하지 않고 심한 공해에 노출시켜서 우즈베키스탄의 박티아르처럼 손가락을 잃게 하고, 태국의 싸리난처럼 앉은뱅이가 되게 하면 한류로 인해 향상되는 국가이미지가 무슨 의미가 있을까? 이들은 귀국하여 한국이 잔인한 나라임을 전국에 알리는 역(逆)'홍보대사'노릇을 할 것이다.

얼마전 터키를 방문한 노무현 대통령은 터키에서 형제국가의 국가원수에 상응하는 환대를 받았다. 그는 우리 또한 터키를 형제국가로 여긴다는 말을 했다. 실제로도 그럴까? 한국에 와서 한국의 중세

국어라는 주제로 학위논문을 준비하던 터키인 술탄 훼라 아크프나르는 지난해 11월 8일 논문을 쓰기 위한 비자연장을 거부당하고서 '모멸감 안고 한국을 떠납니다'라는 글을 마지막으로 남기고 한국을 떠났다. 머지않아 한국 TV의 인기 드라마들이 터키에서도 방영되리라고 한다. 혹시 그곳까지 한류의 물결이 이를지도 모른다.

그런데 '한국학을 연구해서 다시 고국에 돌아가 대학에서 학생들을 교육하겠다는 자부심'을 가지고 한국에 온 터키의 지한파(知韓派) 젊은이를 '무엇을 훔쳐가려는 불법체류자인듯 바라보는 차거운 시선'으로 대함으로써 모멸감을 안고 한국을 떠나게 한 것은 한류의 관점에서도 잘 한 일이 아니다. 미국인 벨보이가 위조 학위증으로 한국의 교수가 된 사실이라든지, 취업비자 없는 일본인 신문기자가 유수한 대학에서 겸임교수 노릇을 한 사실을 보면 힘 있는 자(국가)엔 비굴하고 힘없는 자(국가)에게는 교만한 우리들의 일그러진 자화상을 보는 것 같아서 씁쓸하다.

외국인 노동자 인간대우를

베트남의 몇 지역에는 한국군대에게 학살당한 민간인들을 위한 추모비가 서 있고 역사적 사실을 기록해 놓은 '증오비'가 세워져 있다. 베트남 사람들은 지금 한국의 드라마를 즐겨 보고 한국 상품을 좋아한다. 그들이 한국인의 악행을 용서한 것인지, 일본에 대해 의구심·경계심·적대감을 품으면서도 일본제 디지털 카메라는 애호하는 우리나라의 젊은이를 닮은 것인지는 알 길이 없다. 확실한 것은 우리가 더 이상 부당하게 다른 민족에게 상처를 입히는 행동을 하지 말아야 한다는 것이다. 우리 자신이 먼저 정의로워야 하고, 외국인 노동자를 돈 버는 기계로 대하지 말고 인간으로 대해야 하며, 국가 간에 신뢰를 쌓아 가야 한다. 우리가 '경제동물'이라고 일컫던 일본, 그 일본이 지금 동남아·아프리카·중남미에서 원조액을 늘리고 신뢰를 쌓아가고 있지 않은가? 한류를 통해 우리 자신을 돌이켜 보고 국제관계에서 마땅한 위상을 확립해야 할 때다.

반폭력론(反暴力論): 서울에 온 검투사[20]

검투사가 서울에 나타났다. 수많은 인파가 환호하는 화려한 콜로세움은 아니었지만 꽤 큰 레스토랑의 특설 링에서 검투사는 이종격투기라는 이름의 결투를 벌였다. 다른 점은 우리들의 검투사는 노예가 아니었다는 점, 승자와 패자 사이에는 삶과 죽음의 경계가 설정된 것이 아니라 10만원과 40만원의 보수 차이가 설정되어 있었다는 점이다.

때리고 맞는 공격과 폭력행위를 태연히 '즐기면서' 식사를 하고 포도주를 마실 만큼 우리는 폭력에 친숙해져 있다. 폭력행동은 주변에 얼마든지 있지만 우리는 그것이 폭력이라는 것을 인식조차 하지 않는다. 병영에서 인분을 처벌의 도구로 사용한 것이 오래 전의 일이 아니고, 학교에서는 피해자가 자살을 할 정도로 학우를 잔인하게 괴롭히며, 교사는 학생들의 머리카락에 대해 '고속도로'를 낼 정도로 폭력적인 단속을 하고, 운동선수들, 개그맨들 사이에도 폭행이 일상화해 있다.

---

[20] 이 글은 『한국일보』 2005. 5. 18. 「아침을 열며」 칼럼 기사임.

인명 경시풍조 만연

　나라 정책의 큰 줄기에서도 생명은 경제발전이나 국가 이익 등의 아이템보다 낮은 위치에 있다. 그러기에 지난날 베트남에 파병하여 다수의 무고한 인명을 살상했으며, 지금 미국이 이라크에서 저지르고 있는 침략·학살극을 '적절한 군사행동'이라고 칭찬하면서 이에 동참하고 있다. 폭력으로 정권을 잡아 고문과 압제를 통치수단으로 삼고 사법살인조차 서슴지 않던 박정희 정권에 대해, 꽤나 많은 사람들이 그때 있었던 경제발전(대일의존과 노동탄압을 극대화한 것이었지만)을 이유로 폭력성과 패륜성을 문제 삼지 않는다. 1979년 12월 군사반란을 일으켜 아군끼리 서로 죽이게 하고 살벌한 공포정치를 행했으며 광주학살의 원인행위를 제공한 군사반란 수괴를 우리 정부는 너그러이 사면해주지 않았던가. 폭력숭상과 인명경시의 극치는 우리 민족이 광적으로 서로 죽인 한국전쟁이다. 그것은 북한의 책임이라고 하겠지만, 북한 사람들의 과오 역시 우리 민족의 과오다. 전쟁을 38선에서 멈추지 않고 38선 이북으로 북진을 결정할 때 이승만 정부와 당시 군부는 생명의 가치를 얼마만큼 생각했을까?

　폭력이 일상화된 것은 분명 이유가 있다. 국토는 좁은데 인구는 많고, 욕구수준이 높은데다 경쟁이 심하다는 사회의 특성이 폭력과 공격을 부추긴다. 인구밀도가 높으면 타인에 대한 배려가 감소하고, 경쟁에서 오는 좌절은 공격 성향을 높이기 때문이다. 사나운 시어미에게 구박받은 며느리가 뒷날 사나운 시어미가 되듯이 일제와 한국전쟁과 박정희·전두환 정권의 폭력에 시달린 우리 민족은 폭력에 세뇌되고 폭력을 일상적인 것으로 받아들이게 되었다. 일제와 군사정권의 잔재를 말끔히 청소하지 못하고 전쟁의 상처를 완전히 치료받지 못한 것이다. 우리가 이상적인 나라로 떠받들고 있는 나라 미국은 폭력행위에 관한 한 매우 나쁜 역할모델이다. 해방 이후 지금까지 한국인에게 습성화한 맹목의 숭미 사대주의성향으로 인해 우리는 미국이 저지르는 침략과 학살과 파괴행위에 대해서 관용적인 태도를 취하는 경향이 있다.

약자 배려가 폭력 줄여

그러나 우리는 폭력 안에서 행복해질 수 없다. 우리 모두가 일본 제국주의, 냉전, 군사독재로 인한 폭력의 희생자들이 아닌가. 교실에서 따돌림 당해 괴로워하는 학생은 물론, 괴롭히는데 앞장서는 학생도 그리 행복하지 않을 것이다. 정말 행복한 사회를 가꾸어 가려 한다면 마음속의 폭력성향을 추방하고 생명의 가치를 드높이는데 노력을 기울여야 한다. 더 이상 살인이 추억거리가 되어서는 아니 되며 주유소를 습격하는 것이 심심풀이가 되어서는 아니 된다. 남에 대한 배려, 특히 약자에 대한 배려가 평화와 행복의 필요 요소다. 천성산 도롱뇽이나 천수만 철새 같은 생태계 약자, 따돌림 당하는 학생 같은 집단 내 약자, 환과고독(鰥寡孤獨)이나 빈곤층 같은 사회 내 약자, 이라크 국민 같은 국제관계 속 약자에 대한 배려와 동정을 키워 가는 것이 우리 속에 내재한 폭력성향을 줄이는 확실한 길이다.

설(說)

1등 하는 사회[1)]

　나는 우리 민족의 용감성에 감탄한다. 적어도 1960년대 이후 우리 민족은 초가집을 없애는데서, 우리의 전통적인 가치-신념체계와 미풍양속을 없애는 데서, 또 금수강산으로 불리워도 지나치지 않았던 우리의 강토를 상처내고 더럽히는 데서 놀랄 만한 용감성을 보여왔다. 그 용감성의 표본들은 우리가 노상 다니는 길에 널려 있다. 많은 운전자들이 핸들을 잡는 순간부터 대단한 용감성을 발휘하여 앞이 전혀 보이지 않는 구불구불한 고갯길에서도 앞지르기를 자행하는 것이, 정면충돌도 불사할 결의가 확연하다. 그 결과가 세계제일의 교통사고국가가 아닌가!
　나의 목숨뿐만 아니라 무고한 길손의 목숨도 위협하는 이러한 운전방식은 남이 나보다 앞서는 것을 못 보아주는 '일등주의'와 관계가 있다. 우리는 일등지상(一等至上)의 생각에 젖어있다. 남보다 빨리 돈을 벌고, 남보다 빨리 출세하고, 가급적 많은 사람들을 지배하는 것이 값진 인생으로 생각한다. 오늘날 어떤 부모가 자녀에게 2등 하라고 가르치겠는가? 일등만이 살길로 여겨지는 사회는 대단히 살벌하고 살기 어려운 사회이다. 정권의 장악에서 일등하기 위해서 야당

[1)] 나는 근 36년 동안 몸담은 충남대학교의 학교신문인 『忠大新聞』에 이 글로 데뷔(?)했다. 『忠大新聞』700호, 1992. 8. 17.

에서 여당으로 탈바꿈하는 일도, 선거에서 일등하기 위해서 온갖 추태를 연출하는 일도, 돈버는 일에서 일등하기 위해서 엉터리 공사를 하다가 수백억원을 들인 다리를 수장(水葬)하는 일도 우리에게는 전혀 생소하지 않다. '일등의식'은 구석구석에 배어 있다. 국산 카메라, 국산 텔레비전과 VCR도 충분히 2류는 되건만 구태어 일본제 Nikon 이나 Sony를 써야지만 직성이 풀리는 사람들, 좁은 땅의 자원빈국에서 소형차나 경승용차만 타도 과분한 일이련만 도로를 꽉 막는 넓은 차를 타야지만 그저 체면유지가 된다고 생각하는 사람들, 잠자는 데에는 여섯 자의 공간이 필요할 뿐이건만 자신의 아파트는 테니스라도 할 수 있는 공간이 확보되어야 숨이라도 제대로 쉴 수 있다고 생각하는 사람들을 발견하는 것은 아주 쉬운 일이다. 이런 분들은 죽은 뒤에도 단연 범상함을 거부하여 몸은 썩은 뼈조각이 되더라도 무덤의 호화는 영원하리라는 기대를 끝내 버리지 못한다.

우리가 조금 더 평화롭고 인간미 있는 사회를 희구한다면 우리는 2등의 가치를 인정해야 한다. 정치가가 이 나라 국민에게 기여하는 길은 수단방법을 가리지 않고 정권을 장악하는 일이 아니라 양심과 신의를 지키고 국민의 이익을 증진시키는데 헌신하는 일이다. 국가가 건설한 다리를 건너는 행인이, 다리가 무너지는 바람에 죽어 가는데 올림픽에서 1등 한다고 국가의 위신이 올라가고 국민이 행복해진다고 생각한다면 넌센스이다. 건설업자는 모양 좋은 다리를 싼값에 건설한다고 허풍떨지 말고 수백년을 써도 무너지지 않을 다리를 놓아야 한다. 우리는(전문가가 아닌 다음에야) 2류의 카메라, 2류의 전자

제품으로도 즐거워할 줄 알아야 한다. 아파트 평수에도 안 맞는 고출력의 앰프로 음악을 들어야만 음악을 즐길 수 있는 것은 아니다.

　더 좋고, 더 넓고, 더 쾌적한 것을 끝없이 추구하는 우리의 태도가 사실은 우리 자신을 속박하고 있고, 국가경제를 무너뜨리고 있고, 사회를 답답하게 만들고 있다. 우리는 2등하는 데에서도, 우리의 겉보기에는 작은 일을 착실히 수행하는 데에서도 즐거움과 보람을 찾아야 한다. 문득 노자(老子)의 한 마디가 가슴에 와 닿는 것은, 그의 시대에도 사람들이 일등하기 위해서 광분(狂奔)하였기 때문일까? "찬란한 빛은 사람의 눈을 멀게 하고, 아름다운 소리는 귀를 멀게 하고, 맛있는 음식은 혀를 상하게 한다. 말달리고 사냥함에 사람은 미치게 되고, 얻기 어려운 재물은 사람들의 행동을 그르친다." (五色令人目盲; 五音令人耳聾; 五味令人口爽; 馳騁畋獵, 令人心發狂; 難得之貨, 令人行妨) [老子 제12장]

'즐거움'(樂)에 관하여2)

    기술(技術)이 발전함에 따라서 여가시간 보내기는 더욱 중요해진다. 그런데 문제는 많은 사람들이 여가보내기를 텔레비전 보는 것이나 고스톱하는 것과 동일시한다는 것이다. 사실 많은 사람들이 여가가 존심양성(存心養性)을 위한 좋은 기회임을 깨닫지 못하고 그저 무익한 일로 일관하는데 이를테면 컴퓨터게임에 빠져 잠조차 잊은 사람도 그러한 사람 중의 하나다. 그러한 방식으로 여가를 보내는 것은 일종의 소외(疏外)된 여가활동이라고 할 수 있는데, 이는 여가가 나를 위해서 봉사하는 것이 아니라 내가 여가를 위해서 봉사한다는 뜻이다. 내가 여가 보내는 비용을 마련하고자 일을 더 많이 한다거나 여가 후에 심신에 너무나도 피로하다면, 이를 어찌 여가가 나를 위해 봉사했다고 하겠는가? 불가어(佛家語)를 빌어서 말한다면 이는 탐진치(貪嗔癡) 삼독(三毒)에 빠져 자신을 더욱 소외시키는 일이다.

    여가보내기는 사람이 즐거워하는 것이 무엇이냐라는 문제와 직결된다. 공자 이래로 선비와 문인(文人)들은 '즐거움'(樂)을 이야기하기를 서슴치 않았는데 그들이 말한 '즐거움'은 다양하다: 곧 <벗이 멀리서 왔으니 즐겁지 아니한가(有朋自遠方來 不亦樂乎!)>라는 공자의

---

2) 2005년 11월 18일 대구 계명대학 한국학연구소 주최 학술대회에 다녀와서 듣고 느낀 것을 적음.

즐거움도 있고, 가난하게 살아도 <즐거움이 또한 그 가운데 있다(樂亦在其中)>는 안연(顔淵)의 즐거움도 있고, <기수(沂水)에서 목욕한다>는 증삼(曾參)의 즐거움도 있고, <자신을 돌이켜 보아서 성실하다면 즐거움이 이보다 더할 수 없다(反身而誠樂莫大焉)>는 맹자의 즐거움도 있고, <천명을 즐거워하니 다시 무슨 의심이 있으리요(樂夫天命復奚疑)라고 한 도연명(陶淵明)의 즐거움이 있는가 하면, 옛사람이 <촛불을 들고 밤에 논 것도 다 이유가 있다(秉燭而夜遊良有以)>라고 한 이태백(李太白)의 즐거움도 있다.

즐거움에는 두 가지가 있다. 그 하나는 나로 말미암아 사물에 미치는 것(以身及物)이니 달을 보고 스스로 기뻐하고 높은 곳에 올라 세상을 작다 하는 것은 이러한 종류다. 도경홍(陶弘景)의 은거시(隱居詩)는 이러한 정황(情況)을 아주 잘 말해준다.

山中何所有	산중에 무엇이 있는가.
嶺上多白雲	고개 너머로 흰구름만 많도다.
只可自怡悅	그저 내가 즐길 뿐이며,
不堪持寄君	그대에게 가져갈 수는 없구나.

다른 한 종류의 즐거움은 사물로 말미암아 나에게 오는 것(以物及身)이니 맛있는 것을 먹고 만족한다거나 미인과 사귀면서 기뻐하는 것 등이 이런 종류의 즐거움이다.

첫번째 즐거움(以身及物)의 주체는 '나'다. 내가 달을 보려 하면 달은 언제나 나를 기다려 주고, 내가 산에 오르면 산은 언제나 나를 반긴다. 그런데 두 번째 경우는 즐거움의 주체가 '나'가 아니다. 좋은 음식은 구하기 어렵고 미인은 쉽사리 가버린다. 미인을 만나려는 사람이 많기에 미인은 언제나 약속이 있다. 맛있는 음식을 얻지 못하면 불만스럽고, 미인이 가버리면 나는 마음이 아프다. 그럼으로 두 번째 즐거움은 완전히 아름다운 것이 아니다.

그렇지만 성인(聖人)에게도 이러한 두 번째 즐거움(以物及身)이 있었다. 공자가 소(韶)라는 음악을 듣고 석 달 동안 고기 맛은 몰랐다고 하지 않는가. 이런 종류의 즐거움은 좋은 약이 될 수도 있고 병독(病毒)이 될 수도 있는데 이는 정도(程度) 문제이다. 내가 벗을 만나 술잔을 기울이는 것 자체는 좋은 일이지만 내가 술벗 노태(盧泰)와 날이 새도록 술을 마신다면 이는 좋은 일일 수 없다. 미인과 사귀는 것은 좋은 일이지만 만약 나의 관심이 과도(過度)해서 밤에 잠을 못 이룰 뿐만 아니라 미인이 없을 때 내 마음이 늘 불안하다면 이는 문제다. 그것이 중용(中庸)에 이른바 <발(發)해서 모두 절도에 맞는다(發而皆中節)>라는 것이다. 그러므로 이 두 번째 즐거움에서 중요한 것은 정도(程度)다. 우리가 주의할 점은 즐거움이 정도를 넘어서는 아니 된다는 것이다. 우리는 <즐거워하되 빠져서는(탐닉(耽溺)해서는) 안된다(樂而不淫)>. 지나친 즐거움은 쉽사리 고통으로 변하는 것이니, 이는 술을 너무 많이 마신 것이 원인이 되어 병이 생기는 것과 같다.

곧 여가를 잘 보내고 잘못 보내는 것은 무엇을 즐기느냐의 문제다. 첫째, 즐거워하는 바가 나로부터 말미암아 사물에 이른다면 이는 아무런 문제도 없다. 둘째, 즐거워하는 것이 물건에서 말미암아 나에게 이른다면 여기서 중요한 것은 적절한 정도를 벗어나지 않는다는 점이다. 적절한 정도를 벗어나지 않는 것, 이것이 가능할까? 나로서는 참으로 어려운 일이다. 공자도 칠십 세에 이르러서야 <마음 내키는 대로 해도 규구(規矩)를 넘어서지 않는다(從心所慾不踰矩)>고 하지 않았던가. 내가 어찌 정도를 벗어나지 않고 <규구(規矩)를 넘어서지 않을> 수 있으랴?

(Donald. 2005. 11.)

그해 여름은 잔인하였네(용담댐이야기)

10월 17일 KBS는 환경스페셜에서 용담댐 이야기를 들려주었습니다.
용담댐에 물이 차기 시작했습니다.
많은 생명체에게 그것은 위기였습니다.
강과 시내에 사는 물고기는 깊은 물에서 살 수 없습니다. 수압을 견딜 수 없기 때문입니다. 그래서 그들은 상류로 이동했습니다. 재난을 피하는 panic행동이었습니다. 그러나 상류에도 그들이 살 곳은 없었습니다.
많은 동물과 식물들이 절망했습니다. 식물은 물에 잠겨서 썩어갔습니다. 잠자리는 풀잎에서 세상을 마지막으로 보았습니다. 개미도 눈물겨웠습니다. 장마와 폭풍우도 이겨낸 개미이지만 이 인간이 지어낸 재난 앞에서는 어찌할 수가 없었습니다. 와중(渦中)에 개미들은 혼자서는 이동이 불가능한 여왕개미를 모시기로 하였습니다. 한편으로는 개미 번데기를 입에 물고 이동하였습니다. 여왕개미는 생명 본능에 따라 알을 낳기도 하였습니다. 그들은 풀잎 위로 올라섰습니다. 물이 자꾸 차옵니다. 그들은 풀잎 더 높은 곳으로 올라갔고 허우적거리는 동료들을 끌어 주었습니다. 그때 그들이 본 하늘이 이 세상에서의 마지막 기억이었습니다.
우리 인간이 물을 좀 아껴 쓴다면, 지금까지 용담댐이 없어도 물

먹고 지낼 수 있었으니 앞으로도 지낼 수 있으련만, 무슨 덕을 보겠다고 흘러야 하는 강(江)의 천리(天理)에 패역(悖逆)하여 강을 막았는지…. 그리하여 죽어 간 생명들을 애도(哀悼)합니다….

(2001. 10. 23)

한 뼘 땅도 나의 소유물일 수 없다

3월 31일 공주 박물관에 갔습니다. 어떤 폴란드 학자가 와서 한국 문화를 배우기 위해서 그곳에 가고 싶어 하기에 안내 차 나섰습니다. 우리가 폴란드문화에 대해서 무심할 때 그들이 우리 문화를 배우고자 하니, 빚진 자의 심정이 되어서 기꺼이 데리고 갔습니다.

유명한 무령왕능에 묻혀있던 묘지석(墓誌石)중 하나는 매지권(買地券)이라고 불립니다. 묘지를 위해서 땅을 산 증서 돌입니다. 누구에게서 샀을까요? 토지신(土地神)입니다. 토왕(土王), 토백(土伯), 토부모(土父母) 등으로부터 이천(二千) 석(石)을 주고 샀음을 밝혀 주고 있습니다. 토지신은 자연(自然)을 인격화(人格化) 또는 신격화(神格化)한 것입니다. 대지(大地)의 주인은 자연 자체이며, 우리가 불가피하게 그것을 사용할 때에는 대자연(大自然)의 허락을 받아야 한다는 사상을 읽을 수 있습니다. 아름드리 소나무를 마구 자르고, 산이며, 강이며, 해안선이며, 섬 전체까지를 불도저로 마구 파괴해서 개인의 영리를 도모하는 현대인의 행태와는 차이가 많이 납니다.

한 뼘 땅도 나의 개인 소유물일 수 없습니다. 우리는 그것의 주인인 자연으로부터 그것을 잠시 빌어서, 아껴 쓰고 되돌려 줄 뿐입니다.

(2002. 4. 6.)

그래 가끔은 하늘을 보자

무엇이 그리 바쁘다고 밤하늘 한 번 아니 보고 사는 자신의 모습이 부끄럽습니다.

우리는 생태계의 일원이고 생태계는 은하계/우주의 일원인데...

흙도, 먼지도, 알고 보면 우리들 자신도, 우주에서 온 것인데...

(우리 모두가 외계인!: 지구 자체가 외계<은하계>에서 온 물질로 만들어진 것이고, 우리들의 몸은 지구의 물질로 되어 있으니까)

우주를 생각하면 작은 이익을 두고 다투는 우리들의 모습을 돌이켜보고 반성하게 되는데...

어쩌면, 우리의 삶에 대해서, 소동파(蘇東坡)가 말한 것처럼,

천지에 하루살이 같은 몸을 의탁하니	寄蜉蝣於天地
망망대해(茫茫大海)의 좁쌀처럼 자디잘구나	渺滄海之一粟
내 삶이 잠시임을 슬퍼하고	哀吾生之須臾
장강(長江, 楊子江)의 유구함을 선망한다	羨長江之悠久 (前赤壁賦)

는 생각을 갖게 될지도 모르지요.

하루 밤 잠 밀지고 하늘을 볼 것을....

(2004. 5. 9.)

취미와 인생

　현대인이 느끼는 슬픔의 하나는 현대인은 선사시대인에 비해서 물질적으로는 풍족하게 살지라도 늘 시간과 일에 쫓기면서 살아가기 때문에 인간이 왜 사는지 생각해 볼 겨를도 없이, 자신이 하고 싶은 일 보다는 다른 사람들과 조직체가 바라는 일을 하는 동안에 계속해서 나이를 먹어 간다는 사실을 감지하는 것이다.
　자신이 하고 싶은 일을 한다는 것은 취미의 본질이기도 하다. 거꾸로 말하여, 하기 싫은 일을 하면서 취미활동을 한다고 말하는 사람은 아무도 없을 것이다.『새 우리말 큰 사전』(申琦澈. 申瑢澈)에 의하면 취미란 '직업적으로나 전문적으로 하는 일이 아니라, 즐기기 위하여, 좋아하여 하는 일'이다. 취미는 활동의 종류가 아니라 활동에 대한 우리의 태도이다. 바둑은 많은 사람의 취미이지만(나도 한때 밤새 두었다), 프로 기사에게 그것은 '피말리는' 노역이다. 등산은 많은 사람의 즐거움이지만 군사훈련으로서의 산악행군은 고역이 아닐 수 없다. 많은 사람이 자신의 취미 난(欄)을 '독서'로 채우지만 시험을 앞둔 시점에서 점수를 올리기 위해서 책을 읽는 것은 즐거움보다는 괴로움에 속한다.
　취미는 곧 우리가 인생을 살아가는 태도와 연결된다. 만약 우리가 작은 일, 일상적인 일에서도 즐거움을 찾고 아름다움을 발견하는 능력을 지녔다면 우리는 훌륭하게 취미생활을 하는 것이다. 예를 들어서 내가 아는 어떤 사람과 같이 아침에 일어나서 커튼을 열고 오늘도 살아 있어서 밝은 태양을 보는 것에서 기쁨을 느낀다면 이것도 하나의 취미이며, 길 가다가 문득 잎이 다 떨어져 버린 앙상한 나무 가지에서 쓸쓸한 아름다움을 느낀다면 이것도 하나의 취미이다. 취미는 돈을 벌어주지 않는다는 것이 일반적인 정의이지만 내가 직장 일에서 재미, 흥미, 보람을 느끼고 직장에서 만나는 사람들의 성품을 연구하는 것을 즐거워한다면 직장 일은 나의 취미활동이면서 동시에 돈벌이가 될 수 있다.

그래서 나는 '취미로 산다', '사는 것이 취미이다'라는 말을 곧잘 한다. '취미로 산다'는 것은 인생의 다양한 측면에서 즐거움을 찾기 위해 노력한다는 말이다. '사는 것이 취미'라는 말은 이제 생활의 전선에서 한 걸음 물러나서 자신의 삶을 돌이켜 보자는 말이다. 나그네가 타향과 타국을 여행할 때 그의 활동은 돈벌이보다는 취미활동에 가깝다(물론 그가 뒤에 여행기를 써서 돈을 벌 수도 있다). 우리도 또한 이 세상의 여행객이 아니런가. 이태백(李太白)에 의하면 "천지는 만물의 여관(逆旅)이며, 시간(光陰)은 백대(百代)의 과객(過客)"이니 우리 또한 이 세상의 나그네이다. 우리가 한 때의 나그네임을 인식한다면 우리의 인생은 전투보다는 취미활동(여행)에 가까울 수 있다.

현대인의 생활조건은 매우 각박하여 취미활동, 즉 내가 좋아서 하는 활동은 인생의 작은 부분에 국한되게 되었다. 이를테면 퇴근 후의 자유시간을 즐기기 위해서 하루종일 마음내키지 않는 노동을 한다든지 주말을 위해서 일주일 내내 괴로운 시간을 보낸다는 식이다. 이러한 현대인의 상황을 잘 나타내는 말이 소외(疎外)이다. Marx에 의하면 자본주의의 발전은 노동의 분업화를 초래하며, 분업화된 전문적인 일을 노동자가 반복적으로 수행하는 한 소외를 면할 수 없다. 소외된 노동은 절대로 취미활동일 수 없다.

그래도 인생을 취미로 살 수 있는 여지는 있다. 나그네의 입장에서 나의 삶을 관조해 보면 일상의 경쟁심, 필승의 욕구에서 한 걸음 물러갈 수 있고, 작은 것에서 즐거움과 아름다움을 찾는 여유를 가질 수 있다. 반대로 다른 사람을 앞서고, 다른 사람보다 더 많은 돈을 벌고 출세하기 위한 욕망이 우리의 마음을 지배하면, 우리는 우리들 가까이 있는 아름다운 것들과 아름다운 사람들로부터 기쁨을 얻는 마음의 여유를 빼앗기게 된다. 우리가 취미로 인생을 살려면 사회적인 소외(疎外)에 대해서 뿐만 아니라 심리적인 소외에 대해서도 저항하여야 한다.

"아는 자가 좋아하는 자만 같지 못하고, 좋아하는 자가 즐기는 자만 같지 못하다"(知之者不如好之者 好之者不如樂之者)고 하지 않았던가(孔子). 그것을 실천하는 것이 취미로 사는 인생이다.

(2004. 5. 10.)

독서는 사색의 적(敵)3)

　책은 생각의 적이다. 책은 나의 생각을 타인의 생각으로 오염시킨다. 책을 읽는 동안 나는 타인의 생각으로부터 영향받거나 오염되기 때문에 독자적인 생각을 할 수가 없다. 책이란 나의 눈을 수고롭고 피로케 하면서 타인의 생각으로써 나의 생각을 물들이는 장치다. 그 타인의 생각이라는 것이 공자나 석가모니 같은 위대한 인물의 위대한 사상이라면 나의 눈이 피로하더라도 좋다. 셰익스피어의 지혜로운 문장을 보더라도 그럴만한 가치가 있다. 그런데 나와 비슷하거나

---

3) 버스를 기다리는데 나는 마침 읽을 책이 없었다.

심지어 나만도 못한 지혜를 가지고 쓴 글을 읽는다는 것은 진정 낭비다. 그럴 바에 나의 눈을 쉬게 하고 생각을 하자. 명상(冥想)을 하자. 우리는 얼마나 많은 시간을 '생각'을 하지 않고 지내는가. 우리의 일상사 자질구레한 일들이 우리를 점령하고 있는 동안에 우리는 무슨 생각을 하고 지냈는가. 자 이제 존재의 속박으로부터 벗어나 생각을 하자. ― 나는 어디서 왔나? 나는 왜 사는가? 내가 오래 사는 것이 과연 뜻 있는 일인가? 내가 옳다고 여기는 것을 다른 사람들도 옳다고 여길까? 내가 가치 있다고 여기는 것이 진실로 가치 있는 것이며, 내가 가치 없다고 여기는 것이 정말로 가치 없는 것인가? 내가 이것 저것 생각하는 것이 좋을까? 아니면 아무 생각 없는 무(無)의 자아(自我)[無念無想]로 돌아가는 것이 바람직할까?

(Honolulu, 2009. 1. 18)

술과 인생4)

나에게 취미의 일단(一端)을 말하라고 한다면 선뜻 등산이라고 할 것이다. 덧붙여 말하라면 아담한 커피숖에서 구수한 커피를 마시는 것 정도를 말할까? 이미 나의 과실주가 전국은 물론 국제적으로도 작은 '명성'이 나 있는 것은 사실이지만, 나에게 술은 일상 생활 자체이기 때문에 특별히 '취미'라는 느낌이 나지 않는다.

술을 만들고 그것을 마시는 원리는 한약을 대려 마시는 것과 같다. 어렸을 때 듣기로는 한약에는 짓는 사람, 대리는 사람, 마시는 사람의 정성이 들어야 그 효과를 기대할 수 있다. 이제 술(여기서는 과실주)의 제조와 음용에 관한 나의 생각을 적고자 한다.

술의 제조에서 중요한 것은 좋은 과실을 구하는 것이다. 과일의 품종과 질에 따라서 과일주의 맛에 큰 차이가 있게 된다. 나는 연하고 향기로운 술을 좋아함으로 되도록 많은 과일을 넣고 소주는 되도록 적게 넣어서 꼭 술이라고 하기 보다는 과일즙(汁)을 만드는 기분으로 술을 담는다. 때때로 좋은 과일주를 얻을 수 있는 것은 전혀 나에게 좋은 솜씨가 있어서 그런 것이 아니다. 그런 식물이 있게 한 조물주의 뜻, 훌륭한 과일을 생산한 농부의 노력, 조국의 흙과 공기와

---

4) 『한국인』 1996년 2월호에 "과실주 빚어 마신다"라는 제목으로 게재됨.

햇볕 등이 그러한 맛과 향을 베풀어 준 것이다. 단, 포도에 한해서는 나는 소주를 넣는 추출주(抽出酒)를 담지 않고, 소주를 전혀 넣지 않고 포도와 설탕만을 배합하여 이를 발효시켜 얻는 발효주(醱酵酒)를 담는데, 이때 포도와 설탕의 비율은 6:1로 한다. 포도를 씻어 물기를 없앤 다음(완전히 마르지 않아도 된다) 알맹이를 따서 손으로 으깨고 일정 비율의 설탕을 배합한 다음 독에 넣고, 이불을 덮어 3일을 둔 다음, 이불을 걷어 내고 2주일을 둔다. 다음에 용수를 박고 술을 떠낸다. 포도주는 어떤 종류의 포도라도 가능 한데 포도의 질과 함께, 설탕의 양, 온도 등도 중요하다.

 술은 제조만큼이나 소비도 중요하다. 많이 마시는 것은 물론 급히 마시는 것도 금물이다. 어느 정도가 좋을까? 아마도 오늘 마신 술이 내일 술을 마시는데 지장이 되지 않는 정도의 양이 될 것이다. 좋아하는 술을 내일 또 마시려면 오늘의 양을 나의 간(肝)이 기꺼이 분해하는 수고를 감당해 줄 만큼을 넘지 말아야 한다. 애주가는 폭음꾼이 아니다. 언제나 부르면 그 자리에서 대답하고, 나의 친구가 되어 주는 술을 아껴야지 함부로 대해서는 아니 된다. 내가 술을 함부로 대하지 아니 하면, 술도 나를 함부로 대하지 아니하고 나의 친구로 남아 있다. 거꾸로 내가 술을 함부로 대하면 그것은 나에게 보복을 하고 있다. 아름다운 장미가 가시가 있듯이 향기로운 술도 독이 있다. 그러나 장미에 찔리지 않고서도 장미의 아름다움과 향기로움을 즐길 수 있는 것이다. 그러나 진정으로 장미를 좋아한다면 때로 릴케처럼 장미 가시에 찔려 보는 것도 멋있는 일이기는 하다.

향기로운 술을 대하면 곧잘 생각나는, 송강 정철의 [관동별곡]의 일구로써 이 잡문을 끝내려 한다:

이 술 가져다가 사해(四海)에 고로 난화 억만창생을 다 취케 맹간후의 그제야 고쳐앉아 또 한잔 하잣고야.

단상(斷想) 2제(題)

♠ 죽는 사람은 누구라도 '오늘' 죽는다.

Everybody dies 'today,' Nobody dies 'tomorrow.'

누구라도 죽는 사람은 '오늘' 죽는다. '내일' 죽는 사람도, '어제' 죽는 사람도 없다.

우리가 100년, 200년, 1000년을 산다 해도, 또는 1년, 5년, 10년을 산다 해도, 확실한 것은 결국 모두가 '오늘' 죽는다는 것이다.

'오늘' 죽는 사람에게 그의 지난날의 삶이 1년, 10년, 또는 100년이었다는 사실이 큰 의미(차이)가 있을까?

♠ 그런데 참 이상하다.

그런데 참 이상하다. 운동선수들은 도핑 테스트(doping test)라는 것을 받는다. 그래서 약물성분의 혈중농도가 높으면 기록이 무효화되고 심하면 선수자격을 잃는다.

그것이 이상하다. 이태백(李太白)은 얼마나 많은 술을 마시고 시를 썼는가? 사실 그의 많은 시는 그 자신이 쓴 것이 아니라 술이 쓴 것이라고 해도 전혀 틀린 말이 아니다.

이태백을 붙잡아 도핑 테스트를 해서 알코올의 혈중농도가 높았던 때 쓴 시를 모조리 그의 시작집(詩作集)에서 뺐다면 그의 시집(詩集)은 매우 빈약했을 것이고 그는 오늘날까지 유명한 시인으로 전해지지 않았을 것이다.

그것이 이상하다. 시인은 도핑 테스트 없이 술 마시고 시를 써도 괜찮고 운동선수만 억울할 뿐이다. 꽤나 불공평하다.

(2004. 6. 12.)

맥주 속에 道가 있다. (길 위의 斷想)

구도자(求道者)는 맥주 마시는 이과 같다.

아무리 향기롭고 훌륭한 맥주가 있어도 목마르지 않고 배부른 이는 결코 마시고 싶은 마음이 없다.

도(道)도, 진리도 이와 같다. 아무리 훌륭한 성현(聖賢)의 말씀을 들려주어도, 성경현전(聖經賢傳)을 읽게 해 주어도, 진리에 대한 목마름(渴愛)이 없고, 진리를 향한 마음의 귀를 닫고 있는 이에게는, 진리는, 도(道)는, 목마름이 없고 배부른 이에게 주는 맥주와도 같은 것이다.

맥주 속에 도(道)가 있다.

(2009. 2. 16)

계룡산 은선폭포에서

　아침 7시 반쯤 계룡산에 닿았습니다. 동학사를 거쳐서 은선폭포(隱仙瀑布)로 향했습니다. 계룡산은 원추리의 계절이었습니다. 나는 우리 학교에 요즈음 피어 있는 참나리를 생각했지요. 두 가지 꽃은 서로 닮았습니다. 잘 보면 참나리의 빛깔이 더 선염(鮮艶)하다는 생각이 들지요. 은선폭포에 다다랐습니다. 사실은 동학사 입구에서 가까운 곳입니다. 내가 안 오는 사이에 목재로 전망대를 만들어 놓아서 그곳에 앉아서 잘 볼 수 있었습니다. 나는 지금껏 은선폭포를 폭포로 여겨본 적이 없습니다. 물이 없었기 때문입니다. 오늘은 예외입니다. 시원스럽게 흘러내리는 긴 물줄기를 적당한 위치에서 바라보니 선경(仙境)이었습니다. 그 긴 폭포를 이루는 바위 중간에 한 송이 꽃이 곱게 피어 있었습니다. 잎새 모양은 난초종류 같았습니다. 사람 손길이 안 미치니 저렇게 편안하게 피어 있구나. 문득 해가 났습니다. 색안경을 꺼내 썼습니다. 시계(視界)가 뿌옇게 보였습니다. 안경을 닦았습니다. 그리고 다시 보니 사방이 맑고 밝았습니다. 아 그렇구나 내 마음의 창에 때가 껴서 세상이 온통 혼탁하게 보이는 것이구나. 마음의 창에서 때를 벗기고 평상심(平常心)으로 세상을 보면, 흰 빛은 희기 때문에 멋있고 검은 빛은 검어서 멋있을 것을. 가방을 열었습니다. 가방에는 물 한 병과 작은 맥주 한 병이 있었습니다. 자연 손은 맥주로 갔고 입은 그것을 마셨습니다. 폭포는 더욱 여유로워 보였습니다. 나는 스스로에게 설명했습니다. 술은 물보다 진하니까....

(2002. 7. 9.)

창조와 파괴

힌두 신화에서는 창조 神이 동시에 파괴 神이다.

옳은 발상이다. 창조는 곧 파괴이다.
항만(港灣)을 건설할 때
사람들은 아름다운 해안선(海岸線)의
바위며 모래며 나무들을
주저없이 파괴한다.
건축자재로 쓰기 위함이다.

그렇듯이 저 아파트며 도로며....
무릇 건설된 모든 것은 파괴를 머금고 있다.

이 강토의
산이며 강이며 시내의
흙과 바위와 모래를 긁어내고
산을 까뭉기고 나무를 잘라내고

그 결과
우리는 답답하지만 따뜻한 아파트에서 자고
밋밋하지만 빠른 국도(國道) 위를 달린다.

우리 인간들은 언제까지
파괴대행진을 계속한 후
그것을 멈출 것인가!?

(2002. 2. 28 서울행 고속버스)

忍(傳)

사랑, 평화, 향수(鄕愁)　　나의 스승 宋根永 선생님 평전(評傳)

　　사람들 거의 모두가 어느 학교건 다니게 마련이고 학교에서는 으레 선생님들을 만나게 마련이다. 그러므로 우리가 취학연령이 되어서 국민학교에 가게 되었고, 거기에서 만난 선생님으로부터 가르침을 받게 되었다는 사실 자체는 그리 특이한 일이 아니고, 기억에 남을 만한 일도 아니다. 거의 모든 사람이 국민학교를 다닌 경험이 있고, 다닌 이상에야 누구에게든 배운 사실이 있는 것이다. 그렇지만 우리가 다닌 대전사범부속국민학교(우리는 이 학교를 은방울학교라는 애칭으로 부르기를 좋아했다)에서 宋根永선생님으로부터 배운 학생들 모두는 선생님으로부터 배웠다는 사실을 인생의 특이하고도 값진 경험으로 생각하고, 그 기간을 인생의 가장 아름다운 토막으로 기억한다. 그것은 宋선생님께서 우리에게 국어와 산수를 잘 가르쳐주셨고 우리에게 상급학교에 진학하는 데에 절대적인 도움을 주셨대서가 아니다. 그러한 사실은 상급학교에 진학하고 나서는 야속하게도 잊어버리기 십상이다. 우리가 宋선생님을 언제나 잘 기억하고 있고, 선생님을 은사로 모신 것을 인생의 큰 축복으로 생각하는 이유는, 선생님께서 인정과 사랑이 메마른 이 시대를 살아가는 우리들에게, 눈앞의 이익에만 눈이 어두워 싸우고 다투면서 살아가는 보통의 사람들이 것과는 전혀 다른 삶의 모습을 우리에게 보여주셨기 때문이다.

오늘을 사는 보통의 사람들이 돈과 명예와 권력과 향락을 추구하는 데에 평생을 바친다면, 선생님의 삶은 사랑의 실천과, 평화의 추구가 중요한 모티브를 이루고 있으며, 그 이면(裏面)에는 세상이 조금 더 평화스러웠고 사람들이 조금 덜 이기적이었다고 생각되는 시절에 대한 향수(鄕愁) 같은 것이 깔려 있다.

선생님께서는 생각하시는 교육의 첫걸음은 사랑이다. <어린이는 사랑을 먹고 자란다>는 보운(寶雲)국민학교 현관 벽의 표어가 그러한 사상을 단적(端的)으로 드러내고 있다. 선생님께서는 교육이 어린이의 마음과 뜻과 몸을 키워주는 것이어야 하지 다른 어떤 목적을 위해서 어린이의 몸과 마음을 혹사(酷使)하는 것이 되어서는 안 된다고 생각하시는 것 같다. 선생님께서는 어린이 하나하나의 개성을 존중하고 사랑하셨으며, 제자 하나하나의 특성을 파악하시고 그 모자라는 점을 보완하는 길을 일러주셨다. 그러한 마음씨는 선생님의 동시(童詩) "다르게 크는 어린이" 중에서도, 선생님의 모습을 지켜본 어린이의 동심에서도 읽을 수 있다.

코가 큰 어린이는 / 코가 커서 귀엽고 /
눈이 작은 어린이는 / 눈이 작아서 귀엽다. /
이 빠진 어린이는 / 이가 빠져서 예쁘고 /
왼쪽 오른쪽 신을 / 바꿔 신는 어린이는 / 신기해서 예쁘다. /
서로서로 / 다르게 / 커나가는 어린이
'누가 누가 잘하나?' / 하지말고
'모두 모두 잘하자' / 라고 용기를 주어

밝고 곧게 / 무럭무럭 / 자라게 하자.
(宋根永, <다르게 크는 어린이>)

코가 큰 아이가 / 귀엽다고 하하하. /
개구쟁이도 / 예쁘다고 하하하. /
오줌싸개 아이를 보아도 / 하하하. /
하루종일 떠드는 아이도 / 좋으시다고 하하하. /
누구도 흉내낼 수 없어요 / 그 웃음소리를.
(김영인, 「보은국민학교2학년」, <교장선생님>)

  나는 그리 건강한 편이 못되었고 운동도 별로 좋아하지 않았기 때문에 선생님께서는 늘 나의 건강에 관심을 가지셨고 기회가 있을 때마다 운동을 많이 할 것을 권유하셨다. 언젠가 내가 국민학교에 다니던 날, 점심시간 후에 나는 동무들과 어울려 열심히 축구를 하고 있었다. 평소에 운동을 잘 못하고 따라서 취미도 없었는데 그날따라 축구공이 가깝게 느껴졌던 것이다. 그날따라 5교시 시작종이 좀처럼 울리지 않았다. 나중에 안 사연인즉 선생님께서 내가 공을 열심히 쫓아다니는 것을 보시고 기특하게 여기셔서 점심시간을 연장해 주신 것이다. 선생님께서 나에게 특히 모자란 부분인 운동과 건강에 대해서 베풀어 주신 지극한 염려와 관심은, 이제는 30여년의 나이를 먹은 옛날 일기장에 남아 있는 선생님의 필적에서도 찾아볼 수 있다.

한권의 일기를 말끔히 쓰고나서 새로 마련한 일기 공책 /
무슨 역사를 엮어갈거나 / 무슨 생활을 엮어갈거나 /
일기공책이 바꿔졌듯이 사람도 바뀌고 마음도 바뀌고 /
자꾸자꾸 좋은 방향으로 바뀌는 것도 좋지 않을까 /
1. 운동을 하자, 몸을 움직이자.
2. 학교가 가까우니 학교와서 놀기도 하자. 마라톤도 하자. 뛰자. 달리자.
3. 밥도 많이 먹고 잠도 열심히 자자.

(1959. 9. 7)

요쯤 쓰면야 정말 우리 동인이라고 불러주지
동인아 몸튼튼 마음튼튼 알지? 더 좀 운동을 하자.
너의 일기에 탄복한다. 나중에 한자도 빼놓지 않고 읽을테다.

(1959. 9. 14)

요쯤 써놓고 보면 네 마음도 기쁘고 선생님 마음도 기쁘고
건강한 신체에 건전한 정신이 깃든다.
운동화를 앞두고 몸을 단련해 보자.
몸 튼튼 마음 튼튼, 뛰어라, 달려라 넘어라, 던져라-

(1959. 9. 24)

 선생님은 철저한 평화주의자이시다. 사랑과 평화는 원래 쌍둥이 와 같은 것이지만 나는 선생님의 평화애호의 정신은 특히 작은 것을 소중히 여기고 分外의 것을 바라지 않는 마음가짐에서 온다고 생각 한다. 욕심은 흔히 마음에 파란(波瀾)을 일으키고, 경쟁심을 확대한 다. 남에게 대한 배려보다는 자신의 성공과 출세와 돈벌이에 대한 관

심을 확대재생산하는 것이 인간의 욕심이다. 선생님으로부터 느끼는 평화로움과 소박함은 바로 그러한 부질없는 욕망의 소용돌이로부터 해방된 삶을 살아가는 이로부터만이 느껴지는 그러한 종류의 것이었다. 선생님께서 봉급외 수입을 얻기 위해서 노력하지 아니하셨고, 보수가 많다는 사립국민학교로 전직하기를 원하지도 아니하셨으며, 부동산 투기, 증권투자 등 식재(殖財)를 위한 어느 수단도 선생님과는 거리가 먼 것이었다. 7년전 선생님께서는 느지막이 장가가는 옛 제자를 위해서 기꺼이 주례를 맡아주셨고, 주례사로서 붓글씨로 곱게 쓴 원고를 꺼내 다음과 같은 말씀을 해 주셨다. (주례사는 듣는 이의 심금을 울렸던지 그것의 낭독이 끝난 뒤 커다란 박수를 받았다.)

> 뜻밖에도 행복은 가까운 데 있고
> 아주 작은 것에서부터 비롯되는 것
> 작은 일에 정성을 쏟고
> 아무렇지도 않은 일을 소중히 하는
> 마음가짐을 가지시기 바랍니다.
> 그러는 가운데 그대들의 학문은
> 더욱 깊어지고 튼튼해질 것이며
> 그대들의 가정은 더욱
> 아름다운 울타리로 자랄 것입니다.
> (주례사, <학문은 심오하게 생활은 쉽게>, 1983. 6. 18)

그러나 우리가 선생님과 함께 살아온 수 십년의 세월은, 이 사회의 얼굴을 사랑과 평화와 행복에 넘친 모습으로 그리기보다는 미움과 싸움, 착취와 살상으로 이지러진 모습으로 그려왔다. 그러한 모습은 우리들에게도 충격이지만 선생님께도 큰 충격이 된 것 같다. 선생님은 사람들이 마음속에서, 이웃도, 벗도, 친척도, 동네어른도 다 지워 버리고 오직 나 자신과 나의 좁은 범위의 가족만을 남겨두게 되기 이전, 이웃과 벗과 친척과 동네어른에 대해서 좀 더 많이 생각하고, 좀 더 많이 존경하던 시절에 대한 그리움, 동경(憧憬), 향수(鄕愁) 같은 것을 가지고 계신 것으로 안다. 그것이 선생님의 시(詩)의 흔한 주제로 나타난다. 우리는 선생님의 시 가운데에서 할머니, 소(누런 황소, 또는 송아지), 포푸라나무, 감나무 같은 옛스럽고 시골스러운 정서를 머금은 단어를 자주 발견한다. 선생님의 시 가운데에는

    아빠 엄마 / 새벽녘에 / 품 팔러 가시고
    잔뼈 야윈 / 소녀 / 엎드린 채 / 잠이 들고 /
    석양은 먼데……. / 봄은 간데……. /
    아지랑이 / 소복한 / 외딴집.
    <보리고개>

과 같이 다소 서사적으로 옛날 농촌의 모습을 읊은 것도 있고, 옛날 우리의 할아버지들은 도깨비와 달걀귀신과 상여를 무서워 했는데 요즈음의 어린이들은 자동차가 무섭고, 사람이 무섭고, 늦은 밤의 골목길이 무섭다고 했듯이 사회와 세태의 변화를 노래한 것도 있다. 이러한 시에서 찾아 볼 수 있는 것은 좀 더 아름다운 세상을 어린이들에게 열어주지 못하는 것에 대한 기성세대의 자책감과, 지은이 자신

이 어린이가 되어 좀 더 평화롭고 인정 넘치던 시절로 돌아가고 싶어 하는 그리움과 향수다.

어린 제자들에 대한 깊은 사랑과, 겸손하고 소박하며 평화를 추구하는 삶의 자세, 그리고 사람들이 좀 더 서로를 사랑하고, 세상이 좀 더 평화스러웠던 날에 대한 그리움과 동경이 나에게 떠오르는 선생님의 인간적인 모습이다. 그것이 또한 내가 늘 선생님께 대해 그리움과 동경을 갖게 되는 이유이기도 하다.

「宋根永의 교육과 삶, 우리 선생님의 환한 微笑」, 大田, 대교출판사, 1990.

기(記)

기(記)(1): 양구기(養狗記)

강아지 타미의 성장일기 1

강아지 사룀.

저는 2004년 11월 28일 일요일 전(前) 주인 金鍾潤님의 아파트에서 쫓겨나 새주인 도날드의 집에서 기거하기로 했습니다. 전 주인은 저를 끔찍하게 아껴주셨지만 아파트에서 저를 거두기를 힘들어 하셨습니다.

새집에서 저는 타미라는 이름을 얻었습니다. 제가 워낙 먹기를 좋아하니까 식탐(食貪)이 많다고 해서 얻은 이름입니다. 새 주인은 저를 타미-동구-멍청이-똥강아지라고 부릅니다. 동구는 분구(糞狗)라는 의미로 대략 똥강아지와 같은 뜻입니다. 제가 똥강아지일수록 생태계의 완전한 순환에 기여한다고 주인은 생각하는 모양인데 저를 제주도 똥돼지쯤으로 여기고 있나 봅니다.

제가 먹는 것을 좋아하는 것은 집안 내력입니다. 제 어머니 아버지 중 한 분은 진돗개, 다른 한분은 풍산개라는데 어머니는 먹기를 너무너무 좋아하셨고 아버지는 천하의 바람둥이였다나요.... 제가 새 집에 오는 날 먹을 것도 없고 해서 불그레한 주스를 벌떡벌떡 마셔 버렸습니다. 그런데 속이 좀 아렸어요. 알고 보니 그게 안주인께서 말라붙어 있는 고추장을 닦아 내려고 물을 부어놓은 것이었어요. 에그 ^***^.

   제 주인 도날드는 가끔 저를 이상하게 칭찬해줍니다. ─애 너 참 맛있게 생겼다─라고요. 칭찬치고는 너무 썰렁해요. 전주인(前主人)에게는 전혀 못 들어본 말이어요. 더욱이 지난 여름 주인은 중국 연변(延邊)에서 천하에 맛있는 강아지요리를 드시고 오셨다고 지금도 회상하시는데 저는 모골(毛骨)이 송연(悚然)합니다. 아무래도 전주인에게 돌아가야 할까 보아요. 그래도 지금 주인은 한식집에 가시면 만두를, 양식을 드시면 고기덩어리를 남겨다 주시는데 너무 맛있어서 눈물이 날 지경이에요. 키워서 잡아먹으려는 흉계 같긴 하지만 인간이 돈의 유혹에 약하듯이 저는 맛의 유혹에 저항할 수가 없어요. 에이, 잘 먹고 죽은 귀신은 때깔도 좋다는데.... 라는 생각이 나는 것을 보면 생후 몇 달밖에 안 되는 저로서는 꽤 조숙(早熟)한 편이라고 스스로 생각합니다. 그래도 한마디는 꼭 붙여야 하겠어요. 주인은, 개는 대대로 사람과 똑 같은 것을 먹고 살았다는 평소의 지론에 따라 두 달 정도 뒤에는 저에게 막걸리를 주시겠대요. 물론 주인께서 먼저 드셔보시고 맛있다고 판단되는 것으로요. 두 달이 빨리 지났으면 좋겠어요. 얼른 어른이 되고 싶거든요....

강아지 타미의 성장일기 2

도날드네 강아지 타미 다시 선생님들을 찾아 뵙고자 합니다.

먼저 저에게 관심 가져주신 분들께 감사드립니다. 安水英님은 저를 컴퓨터 바탕화면에 깔아 주셨고, 兪東珠님은 강아지요리를 마다하지 않는 주인집에 살게 된 저의 처지를 보고 "새 주인집에 머무르게 된 것이 얼마나 조마조마할까 동정이 가기도 하고..."라고 염려해 주셨고, 盧泰님은 한술 더 떠서 제가 도날드의 집을 탈출할 때 적극 도와주시겠다고 했습니다. 고마우신 盧泰님. 盧泰님은 온갖 고기를 다 좋아하면서도 불심(佛心) 깊으신 어머니의 영향으로 강아지요리만은 입에 대지 않는 것을 제가 알거든요. 언제라도 믿고 의지할 수 있는 분이지요. 필요할 때 S.O.S. 치겠습니다. 그밖에 제게 관심과 애정(또는 동정)을 보이신 모든 분께 깊이 감사드립니다.

제 모습이 조금 변했지요? 약간 잿빛이 되었지요? 주인은 강아지에게 목욕시키는 것이 반환경적인 행동으로 간주하고 아예 저를 목욕시킬 생각이 없답니다. 그리고 제가 잿빛 개에서 검둥개가 되어가는 것을 지켜보겠다는 거예요. 그때는 제가 처음부터 검둥개였다고 말할 것이라나요...

그동안 저는 많은 것을 생각했어요. 주인하고 저하고는 매우 불평등한 관계입니다. 주인은 저에게 장난을 많이 해요. 주인에게는 "먹는 개도 안 건드린다"는 한국 속담은 아예 안중에 없어요. 제가 밥을 먹으려 하면 꼬리를 뒤로 잡아당기지 않으면 위로 들어 올립니다. 그러면 저는 잠시 물구나무 선 자세에서 밥을 먹게 되지요. 뒤로는 절대 끌려가지 않습니다. 설령 꼬리가 끊어진다 해도 먹는 일을 멈출 수 없다는 것이 제 생활신조이거든요. 그러면서도 제가 주인을 깨문다거나 핥는 장난을 좀 하려하면 주인은 제게 사정없이 매질한답니다. 정말 불평등하지요. 그렇지만 최근 저는 이건 어쩔 수 없는 일이라는 이치를 깨달았습니다. 저는 주인에게 일방적으로 의존하고 있거든요. 저는 주인으로부터 매일 맛있는 식사를 대접받고, 화장실가기, 아침운동 모든 것을 주인의 도움으로 해결하는데 저는 주인에게 해 드리는 것이 거의 없거든요. 교환이론가들이 말하듯이 이러한 비대칭적 교환에서는 줄 것이 많은 쪽이 권력을 갖는 것이고, 받기만 하는 쪽은 상대방에게 복종할 수밖에 없거든요. 저는 주인이 언젠가 사람들 사이에는 주인을 좋아하는 사람은 적고 주인이 만든 술을 좋아하는 사람은 많다고 말하는 것을 들은 일이 있어요. 이제 그 말이 이해가 갑니다. 저도 꼬리를 잡아당기고 말끝마다 "똥멍청이 강치"라고 놀려대는 주인이 싫지만 주인이 매일 아침 가져다주는 진수성찬에는 그만 넋이 나갈 지경이어요. 주인은 싫고 주인이 주는 음식은 좋으니 제가 인지부조화(認知不調和, cognitive dissonance)를 느끼지 않을 수 없지요. 저는 아침상을 보면 주인이 그전날 무엇을 드셨는지 대강 압니다. 제가 어제 아침에 먹은 것은 월남국수와 동파육(東坡肉)이었고요, 오늘 아침엔 탕수육까지 먹었답니다.

막걸리요? 주인은 원래 안주인의 생일인 내년 2월 1일을 기해서 막걸리를 주겠다고 했는데 생각이 바뀌었나보아요. 입맛은 아동기에 형성된다는 학설 때문인지, 세살 입맛 여든 간다는 한국 속담(?) 때문인지 주인은 사흘 전부터 막걸리를 주었습니다. 국순당(백세주 회사)에서 나온 캔막걸리더군요. 처음에는 맛이 이상해서 조금 먹다 그만 두었습니다. 그리고 앞 산에 가서 한 시간 운동하고 와서 다시 마시니 정말 구수하고 맛있었어요. 이제는 주는대로 정신없이 마십니다. 사진에도 나와 있어요. 이제 사람들의 세계를 조금 알 것 같아요. 그런데 겁나는 것이 있어요. 주인이 술 못하는 사람보고 "흥, 우리 집 강아지만도 못하군."이라고 할까봐 겁나요. 사람들 사이에는 그들(사람들)의 가치와 도덕성은 과대평가되어 있고 우리들(강아지들)의 도덕성은 평가절하되어 있음을 제가 아니까요. 좀 불합리한 점은 있어요. 강아지들은 주인이 가난하고 권력없고 못생겼다고 해서 그를 버리고 돈 있고 세력 있는 사람에게 가는 일은 절대 없거든요. 사람으로 치면 불사이군(不事二君)하는 충신이나 불경이부(不更二夫)하는 열녀와 똑같지요. 주인은 제가 막걸리 먹는 모습을 보고 그리도 즐거워한답니다. 그게 뭐 대리만족(vicarious satisfaction), 감정이입(empathy), 아니면 추체험(追體驗, Nachleben)에 해당된다나요**〰...

교육자 집에 살면서 저는 교양교육을 많이 받습니다. 가장 강조되는 것이 테이블매너입니다. 맛있는 것을 앞에 놓고서 안주인께서는, "교양있게!"라고 목소리를 높힙니다. 그러면 저는 다소곳이 앉아서 기다려야 먹게 됩니다. "세상에, 교양 없는 인간도 많은데 멍청이 강아지에게 교양이라니...."라는 생각도 들지만 뭐 교양 쌓아서 남 줍니까? 저는 동네에서 으뜸가는 교양강아지가 되려 합니다. 그런데 충남대학교에서 저 같은 백구(白狗, 흰 강아지)를 위해서 교양강의 좀 해 주지 않을까요? 듣자니 충남대학교에 '백마교양강의동(白馬敎養講義棟)'이 있다는 거예요. 백마(白馬, 흰말)들이 교양강의를 듣는 곳이겠지요? 우리 같은 백구(白狗, 흰 강아지)들을 위해서 '백구교양강의동(白狗敎養講義棟)'좀 지어 주지 않을까요? 에그, 사람들, 원 참, 균형감각이 있어야지.....!@ꝏ

강아지 타미의 성장일기 3

도날드네 강아지 타미 갑자기 선생님들을 찾아 뵙게 되었습니다.

선생님께서 이 메일을 보시는 때 저는 이미 이 세상 강아지가 아닙니다. 자유를 찾아 도날드의 집은 나가서 노닐다가 바로 집 가까이에서 교통사고를 당했습니다. 제가 도날드의 집을 탈출한 것은 뭐 盧泰님이 탈출하라고 해서가 아닙니다. 바깥세계에는 맛있는 것이 많이 있는 줄 알았지요.

제 일생은 비록 짧았지만 한 많은 인생은 아닙니다. 전주인으로부터도 사랑을 듬뿍 받았고 지금 주인 부부도 많이 아껴주셨거든요.

제가 사고를 당하고 정신 못차리고 있는데 주인이 오시더군요. 저를 나무랐지만 측은히 여기는 눈치였어요. 오늘따라 우유며 햄이며 별 것 다 주셨지만 저는 먹을 수가 없었어요. 제가 마지막 먹은 음식은 우유 조금, 치즈 두 장, 그리고 전주인 金鍾潤님이 주신 건빵 이었어요. 마지막 본 것은 동물병원 수술실의 천장이었구요.

주인과 전 주인은 저를 동물병원으로 데리고 가셨어요. 주인은 수술비를 대고 저를 살리려 했습니다. 문제는 차 바퀴에 깔린 제 몸 상태가 너무나 안 좋았다는 거예요. 내장까지 큰 손상을 입었으까요.

저를 아껴 주신 여러분 안녕하시고 행복하십시오. "모든 생명은 소중하고 살 가치가 있다"는 것을 여러분께서 마음 속에 간직해 주신다면 제가 짧은 기간 동안 이 세상에 살다 간 보람으로 여기겠어요.

천하의 하룻강아지들에게 차(車) 무서운 것 알라는 말과 사람들 그리고 견공(犬公)들에게 개죽음을 하지 말자는 말을 마지막으로 남깁니다.

저를 아껴주신 여러분들 너무도 고맙습니다. 저의 어린 시절 사진 한 장을 기념으로 남깁니다.

2004년 12월 26일 일요일에 쓴 타미의 마지막 글입니다.

강아지 찌의 세상기행: 못생겨서 죄송한 강아지

강아지 찌 인사드립니다.

지난 토요일인 2월 4일부터 저 두 달쯤 된 강아지 찌는 도날드의 집에 살게 되었습니다. 물론 제 자유의지와는 관계없는 일입니다. 불공평하다고는 생각하지 않습니다. 사람들도 어린 시절 살 집을 스스로 고르는 것은 아니니까요.

주인 내외분은 저를 보고 한참을 웃으셨습니다. 이유는 나중에 알았는데 제가 너무 못생겼다나요. 정말 못생겨서 죄송합니다. 하지만 저는 이주일 신화와 미운오리 이야기를 믿고 싶어요. 코미디언 이주일 씨는 못생긴 것을 죄송스러워했지만 그 못생김으로 해서 만인의 사랑을 받았고, 미운오리는 훗날 멋있는 백조로 성장했지 않아요?

안주인은 저에게 찌라는 이름을 지어주었습니다. 강아지가 찌가 되었는지도 모르지요. 주인은 찌가 좋은 이름이라고 믿는 모양입니다. 낚시질하는데 찌가 가라앉으면 큼직한 붕어가 매달려 있을 수도 있다는 것이고 따라서 찌는 좋은 소식의 메신저라는 것이지요. 그 꿈에 그 해몽이지요?

전에 이 집에 있던 타미는 용모가 탁월했던 모양입니다. 그런데 제가 이 모양으로 생겼으니까 주인은 구조주의 인류학자들의 이항

대립(二項對立, binary opposition)이 생각나는 모양입니다. 구조주의자들은 사람들의 마음의 심층에 사물을 양(陽)과 음(陰), 적(赤)과 흑(黑)처럼 대립되는 항목으로 나누어 보는 성향이 있다고 생각하는 것이지요. 음식자료의 국내산과 외국산, 그것의 조리(인공적 변형)와 부패(자연적 변형), 굽기와 삶기도 이항대립의 예이지요. 주인은 저와 타미를 대조해서 이항대립표를 만들었습니다.

	타미	찌
이름	기의(記意): 식탐이 크다	표음(表音): 소리로서 찌
성(性)	암컷	수컷
외모	미녀	추남
식성	무채불기(無菜不嗜)	선채소식(選菜少食)
성향	외향적 / 사교적	내향적 / 비사교적
성품	방정맞음	과묵
거처	풍찬노숙(風餐露宿)	개집 안이나 숲속

주인의 이항대립분류표가 제 맘에 드는 것은 아니지만 어느 정도 진실을 담고 있는 것은 부인할 수 없습니다. 그러나 강아지의 성품이 변하기도 하는 것이고 주인을 닮기도 하는 것이니 제가 어떻게 변해 갈지 누가 알겠어요? 혹시 주인 닮아 막걸리애호가가 될지 누가 알아요? 오늘 아침 주인을 따라 눈덮힌 동네앞산을 올라갔어요. 좋던데요. 주인의 취향을 닮기 시작하는 것이지요. 공자가 동고(東皐)에

올라 노(魯)나라를 작다고 여겼다나요. 저도 열심히 산에 다니면서 호연지기(浩然之氣)를 기를 생각입니다.

  끝으로 제가 도날드의 집에 온 다음날 찍은 주민등록사진 몇 장과 함께 주인이 쓴 우스개 글 한 편을 첨부합니다. 주인의 글 저도 조금 보았는데요, 옳은 말이어요. 아는 게 모르는 것이고 모르는 것이 아는 것일 뿐 아니라 모르는 것은 앎의 시작이고 앎은 모르게 되는 출발점이라나요. 생각해보면 저 같은 추남도 추남이 아니고 타미같은 미녀도 미녀가 아니며 세상이 다 아름답다고 일컫은 것이 실은 추악한 것이지요.

  마지막 구절은 노자(老子)의 말이랍니다.

  天下皆知美之爲美斯惡已(老子 第2章)라고 했으니까요.

추견(醜犬) 찌 사룀.

(2006. 2. 7.)

요가하는 강아지: 뚱이생각

　추(醜)강아지 뚱이 인사드립니다. 참 지난번엔 제 이름이 '찌'였지요. 이젠 모두들 뚱이라고 부른답니다. 성질이 뚱해서 뚱뚱이, 못생겨서 못뚱이, 바보라서 바뚱이, 또는 뻔(笨)뚱이, 주인은 여러가지 접두사를 붙이기를 좋아하지만 어쨌든 제 이름의 본체는 뚱이입니다. 뚱이, 참 귀여운 이름이지요?
　여러 선생님들께서 저를 격려해주셨습니다. 兪東珠님은 저에게 <못생긴게 아니라 단지 소박한 거란다>라고 격려해주시면서 스스로 저의 팬이 되시겠다고 하셨습니다. 과분한 일이지요. 兪東珠님이야말로 방송 일을 하실 때 기품있고 상냥한 말씨로 인해 팬들이 정말 많았지요. 더우기 金順姬님은 <성품 또한 과묵하고 머물 곳과 먹을 것을 가릴 줄 아니, 과연 군자견(君子犬)의 자질을> 갖추었다고 저를 칭찬해 주셨으니, 저는 어리둥절할 수 밖에요. 저는 全煥盛, 金達淑 두 분께도 감사드리려 합니다. 金達淑님은 제가 큰 인물(?)이 되리라고 격려해주셨고 全煥盛님은 손수만드신 최고급요리[요리이름: 닭다리살과 치킨소쓰를 곁들인 강아지용 비스킷 요리]를 저에게 맛보게 주셨어요. 원래는 그 댁 주민인 금동이 은동이라는 커다란 강아지들을 위한 요리인데 저에게까지 주셔서 너무 감격스러웠습니다. 제 늙은이를 공경하는 마음이 이웃 늙은이에게 미치고(老吾老以及人之老), 제 아이를 돌보는 마음이 이웃 아이에게 미친다고 했는데(幼吾幼以及人之幼), 그렇다면 자신의 강아지를 돌보는 마음이 이웃 강아지에게까지 미친 것이겠지요? (狗吾狗以及人之狗). 그런데요 미국 샌프란시스코에 가 계신 黃俊淵님은 나의 주인에게 <그곳에서는 개의 해에 개가 많이 죽을지 모르니 여름 복날에 특히 조심하게나. 이 곳에서는 개의 해에 개를 먹을 줄 아는 인민이 없으니, 자네가 진실로 "찌"의 안녕을 걱정하면, 갸를 비행기에 태워서 이곳 UC Berkeley로 보내면 어떨꼬?>라는 우려의 편지를 써 보내셨습니다. 함정많은 한국의 여름을 잘 지내기를 기원하는 글 같기는 한데 黃俊淵님의 호(號)가 호랑이가 들어가 있는 호빙재(虎氷齋)인데다가 눈동자까지 호랑이처럼 노란 것을 보면 제 걱정을 해 주는 것이 고양이 쥐 걱정하는 것과 같은 것이 아닌가 하는 의구심도 부쩍 드는군요.

저는 아침마다 요가를 합니다. 주인이 도입한 강아지요가라나요. 첫째 동작은 원숭이자세(일명 꼬리운동)입니다. 주인의 도움(!?)을 받아 거꾸로 서서 걷거나 먹이를 먹습니다. 왜 이 따위 동작을 해야 하느냐고요? 주인의 설명을 들으면 이 운동은 꼬리와 앞발을 단련하고 그 근육을 강화시키는 장점이 있답니다. 더욱이 이 자세로 밥을 먹으면 흡입력이 강화되서 더 많은 기(氣)[!?]를 받아들일 수 있고 따라서 짧은 시일 내에 내공(內功)이 많이 쌓인답니다. 다음 동작은 캥거루자세입니다. 이 동작은 뒷발로 캥거루처럼 서서 앞발로 짝짜꿍이를 하는 동작입니다. 왜 이 동작을 시키느냐고 하면 주인은 모름지기 머리를 곧게 가져야 하고[頭容直], 하늘에 뿌리를 둔 것은 위로 올라간다[本乎天者親上]는 알 수 없는 소리를 합니다. 저는 더 묻기를 포기합니다. 다음 동작은 극기(克己) 훈련인데 이는 제가 특별히 좋아하는 음식이 있을 때 주인이 꼬리를 잡아당겨서 침만 삼키고 먹는 일은 참는 것입니다. 주인은 이 운동이 인내와 절제를 함양해서 불로장생에 이르게 할 뿐만 아니라 꼬리 힘을 기르는데도 그만인 아주 좋은 운동이라고 말합니다. 제가 전혀 수긍이 안 가서 앙알거리면 주인은, 극기(克己)함으로써 예(禮)로 돌아감이 인(仁)을 행하는 것이고 [克己復禮爲仁], 하루라도 이를 행하면 천하가 인(仁)에 돌아갈 것이라는 아리송한 이야기만 합니다[一日克己復禮 天下歸仁焉]. 주인의 바람대로 저는 말문을 닫을 수밖에 없어요. 제 주인의 지식남용증(知識濫用症)은 확실히 중증(重症)이지요?

매일 꼬리 운동을 한 결과 안주인께서 인정하듯이 제 꼬리는 매우 튼실해졌습니다. 저는 왜 제 주인이 제 꼬리에 그렇게 관심을 갖는지를 생각해 보았습니다. 제 나름대로 생각이 났어요. 제 주인에게는 꼬리컴플렉스가 있는 것입니다. 인간이라는 괴이한 생명체는 진화과정에서 꼬리를 잃어버렸습니다. 그래서 제 주인에게는 <꼬리선망>(tail envy)이 있는 것이지요. 왜 인간의 남자들은 애기를 배고 낳을 수 있는 능력이 없는 데서 오는 자궁선망(子宮羨望, womb envy)이 있다지 않아요? 꼬리선망은 어쩌면 당연한 것이지요. 꼬리가 뭡니까? 배의 키(타, 舵)처럼, 비행기의 미익(尾翼, 꼬리날개)처럼, 물고기의 꼬리지느러미처럼 방향을 잡아주는 것이 꼬리입니다. 인간들은 꼬리가 없기 때문에 (바른) 방향을 못 잡고 서로 죽이고 빼앗기를 거듭하고 있을 뿐 아니라 작은 이익에 눈이 멀어서 모든 생명체의 영원한 보금자리인 지구를 여지없이 박살내고 있지 않아요? 수레의 끌채의 끝부분으로 멍에와 연결되는 부분을 예(輗) 또는 월(軏)이라 한다는데, 꼬리 없는 인간들의 모습이란 예(輗) 또는 월(軏) 없는 수레 꼴이지요. 공자가 그랬다지요. "큰 수레에 예(輗)가 없고 작은 수레에 월(軏)이 없으니 어떻게 갈 수가 있겠는가!" (大車無輗 小車無軏 其何以行之哉!). 그러니 꼬리없는 원숭이인 인간은 모든 생명체에 대해서, 그리고 그들 자신에 대해서 재앙일 수밖에요.

제가 주인집에 왔을 때 주인은 '숲'속에 숨어드는 것을 보고 수줍고 비사교적이라고 규정했지요. 주인은 근본적 귀인오류(根本的 歸因 誤謬, fundamental attribution theory)에 빠진 것입니다. 제가 처음 주인집에 왔을 때 산설고 물설고 사람도 집도 땅도 모든 것이 낯선데 어떻게 기를 펴고 외향적이 될 수 있었겠어요. 그래서 의기소침해 있었더니 주인은 제가 비사교적이고 내향적이라고 했어요. 이렇게 남의 행동을 이해할 때 상황이 주는 영향력은 과소평가하고 원래의 성품을 과대평가하는 것이 근본적 귀인오류이지요. 사회심리학은 사람과 사람 사이에서 뿐만 아니라 종(種)과 종(種)사이에서도 유용한 학문 같습니다. 그리고 주인은 또 제가 물을 부은 밥을 안 먹는 것을 보고 막걸리도 멀리 하는 것을 보고 이상하게 생각했지요. 먼저 기르던 강아지와 다르기 때문이지요. 이것 또한 편견입니다. 사람들은 자신이 속한 집단[내집단(內集團)]과 속하지 않은 집단[외집단(外集團)]의 차이를 과장해서 인식하고 외집단의 구성원들은 실제로 그러한 것 보다 더 서로 비슷하다고 믿는 경향이 있어요. 어쩌면 남자가 보기엔 여자는 다 그러그러할지도 모르지요("여자는 다 그래, 꼬지 환 뚜떼, Cosi fan tute.") 그래서 제 주인도 천하의 강아지들은 다 같거나 비슷하리라고 생각한 것입니다. 천만에요. 우리 강아지들은 인간들에는 별의 별 사람들이 다 있다는 것을, 인간의 다양성이 무한하다는 것을 인정합니다. 인간들도 저의 강아지들 사이에 무한한 다양성이 있다는 것을 인정해야 하지 않겠어요?

아침에 주인 내외분과 함께 앞산에 가는 일이 많습니다. 주인은 저를 나무에다 묶어 놓고 다소 음흉한 눈으로 바라봅니다. 저는 주인을 바라보면서 나도 얼른 얼른 공부해서 주인처럼 유식해져야지 하고 생각합니다. 훈장집 강아지 3년이면 글 깨나 한다는 소리를 들어야 하지 않겠어요? 그런데 주인의 생각은 무엇인지 아세요? 똥이를 어떻게 요리해 먹으면 맛있을까라는 거예요. 강아지는 내내 공부할 생각을 하고 사람은 내내 먹을 생각만 하니 도대체 누가 사람이고 누가 강아지이지요? 주인은 요즈음 "스스로를 살찌워서 남을 공양함이 강아지의 도(道)"(自肥供身, 狗道也)라고 하고, 또 "아침에 도를 들으면 저녁 때 죽어도 괜찮다"(朝聞道, 夕死可矣)는 말을 서슴없이 합니다. 앞의 말은 주인이 멋대로 만들어 낸 말이고 나중 말은 인류의 영원한 스승 공자의 말씀이래요. 하지만 아무래도 주인이 강아지요리를 즐기려고 저를 세뇌하려는 음모(陰謀) 같아서 강한 불신(不信)을 표하면 주인은 어떤 구도자(求道者)의 이야기를 들려줍니다. 옛날 어떤 수도자(修道者)가 먹을 것이 없어서 새끼를 굶기는 어미 호랑이를 보고 기꺼이 자신의 몸을 호랑이의 먹이로 제공했는데 그 수도자가 바로 석가모니(釋迦牟尼)의 전신(前身)이었답니다. 그러니 자비공신(自肥供身)의 도를 실행하는 것이 성불(成佛)하는 길이라나요? 모든 중생이 다 불성이 있으니(一切衆生皆有佛性) 왜 똥이라고 해서 성불하지 못하겠느냐는 것이 주인의 말입니다. 주인의 말은 정말 아리송하기만 합니다.

　주인은 제가 막걸리를 안 마시는 것을 보고 분노했습니다. 주인의 집안은 대대로 애주가(愛酒家) 집안인데, 아무리 출신이 개신교 장로 집안이라고 하더라도 일단 주인집 식솔이 되었으면 주인집 가풍을 따라야 한다는 것입니다. 저는 개신교 신앙은 그렇게 가지고 있지 않지만 막걸리의 독특한 냄새가 별로 마음에 들지 않을 뿐 아니라 兪東珠님께서 제게, <주인님이 널 놀리려고 이상한 색깔의 마실 것을 가끔 주시거든 괴롭게 하는 약 쯤으로 알아보고 반드시 사양해야 한단다>라고 하신 이야기가 내내 마음에 남아 있거든요. 분노하던 주인은 이제 뇌물을 쓰기 시작했습니다. 제가 단 것을 좋아한다고 해서 막걸리에다 설탕을 넣어서 주셨지요. 전 먹지 않았습니다. 다음에 주인은 <이래도 안 먹을테냐?>하며 뇌물을 우유로 바꾸고 회심의 미소를 지었습니다. 곧 우유 한 숟갈과 막걸리 한 숟갈을 섞어서 이유식(離乳食)이 아닌 이유주(離乳酒)를 만들어 주시는 것이었습니다. 그 때 울컥 잊고 지냈던 엄마 생각도 나고 도저히 안 마실 수가 없었어요. 버나드 쇼가 생각났어요. 그는 <나는 유혹을 빼고는 어떤 것도 다 이길 수 있다>고 했다지요. 그리고 사람들이 왜 그렇게 유혹에 약한지도 알게 되었어요. 나의 우유가 세상 사람들의 돈과 권력이고 제 주인의 술이지요. 이즈음 저는 황금분할주(酒)를 마십니다. 황금분할(golden cut)의 비례는 [루트5 (5의 평방근) －1] :[1]이라니 대략 1.23:1 쯤 됩니다. 곧 막걸리 1.23숟갈과 우유 1숟갈의 비율로 혼합한 액체를 꼴깍꼴깍 마시는 것이지요. 저는 압니다. 교활한 주인이 점차 우유배급량을 줄여 갈 것이고, 어느 날 제가 우유를 뇌물로 받지 않고도 막걸리를 꼴깍꼴깍 잘 마시면 주인은 크게 웃으면서 저를 진정한 주인집 식솔로 받아 주리라는 것을.

저의 바람은 나날이 새로워지기(日新又日新)를 거듭하여 金順姬님이 격려해 주신대로 군자견(君子犬)이 되는 것입니다. 그러기 위해서는 표면만 조금 바꾸는 것으로 그치지 말고(小人革面), 군자견(君子犬)답게 표변(豹變)을 이루려 합니다(君子豹變). 표변(豹變)이란 표범이 가을이 되어 털을 갈고 일변(一變)하여 아름다운 모습을 보이는 것을 말합니다. 사실 제 털이 표변(豹變)까지는 못 갔어도 노란 색이 진해지고 밤색 빛이 돋기 시작한 것은 사실입니다. 저는 그것이 다가 아니라는 것을 압니다. 정작 중요한 것은 무명(無明)과 탐진치(貪瞋癡)에서 벗어나 깨달음으로 가는 것이겠지요. 될까요? 아무래도 교활하고 음흉한 주인 곁을 떠나서 출가(出家)하는 것이 도리이겠지요?

바보 똥이의 긴 글을 읽어 주셔서 고맙습니다.

바똥이 올림.
(2006. 3. 26.)

시 짓는 강아지

편안하세요? 저는 도날드의 추(醜)강아지 뚱이입니다. 한국속담에 "당구삼년에 폐풍월(堂狗三年吠風月)"이라 했는데, 저는 도날드집에 온지 석달만에 시 한 수를 지어서 주인께 들려드렸습니다. 시는요…

춘 곤 (春 困)

花開鳥鳴來	꽃피고 새 우짖는데
我困樹下睡	나는 나무아래서 곤히 잠잔다.
月明霄星稀	밤하늘에 달 밝고 별 드문데
主人何時歸	주인은 언제 돌아올까?

전에 주인이 물었습니다. 집 괜찮느냐고. 큰 것으로 바꿔주랴고. 대답했지요. 이 몸 하늘을 이불삼고 땅을 침대 삼는데 집이 크면 어떻고 작으면 또 어떻습니까? 게다가 전란옥(田蘭玉)선생님도 방이 매우 작은데 어찌 제가 감히 큰 집을 쓸 수 있겠습니까? 주인이 말하기를, "이놈 보아라, 생김새는 그 모양이라도, 소견은 멀쩡하구나."

추견(醜犬) 뚱이 사룀.
(2006. 5. 24.)

강아지 까미가 지었다는 시

월 백 (月 白)

月出風來花葉飛	달뜨고 바람 불고 꽃비 날리는데
滿庭返照如霜白	뜰 가득히 달빛이 서리 같구나
春夜已深過三更	봄밤은 이미 깊어 삼경이 지났는데
我獨不睡追影吠	나 홀로 잠 못 이루고 달그림자 좇아 짖네.

(2008. 4. 24.)

강아지에게 『논어』 가르치기(小狗論語)

　불교사상의 위대함 가운데의 하나는 사람 뿐 아니라 물고기, 새 등 사바세계(裟婆世界)의 중생 모두를 제도(濟度)하려 한다는 것이다. 절에 있는 목어(木魚)는 물고기를 제도하기 위한 것이고, 운판(雲版)은 새를 제도하기 위한 것이다. 유교(儒敎)는 이 점이 부족하다.
　이를테면 『논어』에 이런 구절이 나온다.
　― 마구간에 불이 났다. 선생님(孔子)께서 퇴근하시다가 사람이 무사한지를 물으시고 말에 대해서는 묻지 않으셨다. 廐焚. 子退朝. 曰. 傷人乎. 不問馬.
　이 구절을 들으면 개는 어떻게 생각할까? 말은 국토방위에서 큰 임무를 지는 중요한 동물이었다. 그런데 그 말의 안위(安危)에 대해서도 무관심(?)했다면 '그까짓' 개가 안중에 있을 리 없다. 개에게 『논어』를 그대로 일러주면 개가 '선생님'을 좋아 할 리가 없다.
　그래서 나는 위 구절의 강아지 버전(version)을 만들었다.
　― 견사(犬舍)에 불이 났다. 선생님(孔子)께서 개가 무사한지를 물으시고 사람에 대해서는 묻지 않으셨다. 犬舍焚. 子問狗, 不問人.
　이렇게 일러주어야 개가 선생님을 존경할 것 같다.
　내친김에 강아지 용(用)으로 몇 구절 더 고쳐 보았다.

* [원문] 三人行, 必有我師焉 / 見賢思齊焉, 見不賢而內自省也.

(세 사람이 길을 가면 반드시 스승[할만한 사람]이 있다 / 어진 사람을 보면 그와 같아질 것을 생각하고, 어질지 못한 사람을 보면 [나도 저렇지 않은지를] 스스로 반성한다.)

[dog version] 三狗行, 必有猛犬焉 / 見猛思逃焉, 見不猛逐咬之.

(강아지 세 마리가 가면 반드시 사나운 강아지가 있는 법이니 / 사나운 강아지를 보면 도망갈 궁리를 하고 사납지 않은 놈을 보면 쫓아가 문다.)

* [원문] 民無信不立.

(믿음이 없다면 백성은 서지 못한다.)

[dog version] 狗無勇不立.

(용맹함이 없다면 강아지는 서지 못한다.)

* [원문] 朝聞道. 夕死可矣.

(아침에 道를 들으면 저녁 때 죽더라도 괜찮다.)

[dog version] 朝食肉. 夕死可矣.

(아침에 고기를 먹으면 저녁 때 죽더라도 괜찮다.)

기(記)(2): 여행기(旅行記)

| 미국(하와이) |

Foster Garden의 巨木

하와이에 왔을 때부터 이 수목원에 가는 것이 과제였고 오늘 실현했다. 나는 식물원을 좋아한다. 맑은 공기와 그늘, 꽃과 새, 마음의 평화가 거기에 있다.

저 큰 나무는 도저히 카메라에 들어오지 않는다. 마치 성인(聖人)의 큰 가르침을 범인(凡人)의 마음에 다 담을 수 없듯이, 이 작은 카메라는 저 나무를 담을 수 없다. 저 나무에 비하면 이 작은 카메라는 얼마나 하찮은 것인가. 불경(增一阿含經 卷21)에 쓰여 있기를 "석가여래의 몸은 불가사의(不可思議)하다. 여래의 몸은 조작(造作)할 수도, 또 이것을 모측(摸測)하여 길다든가 짧다든가 말할 수 없다"라고 했다는데 내가 보기엔 저 큰 나무도 불가사의하고 모측불능이다. 우리는 위대한 인물은 거목(巨木, 큰나무)이라고 하지 않는가. 거목, 그것은 위대함이다.

(2009. 1. 18.)

Lyon 수목원(樹木園) (Lyon Arboretum)을 향해서

Lyon 수목원(樹木園) — 하와이 대학 부설 식물원이다. 나에게는 기억에 남는 곳이고 하와이에 오면 다시 가고 싶은 곳이다. 그래서 오늘 가기로 했다.

푸나우 학교 옆에서 5번 버스를 기다린다. 주말엔 버스가 더 드물다. 학교에서는 무슨 축제가 열려서 왁자지껄하다.

"강아지건 침팬지건 곰이건 사자건 그 어린 것들은 다 놀기를 좋아 하는데 다 커서는 놀이를 하지 않는다. 다 커서도 놀이를 즐기는 동물은 사람뿐이다"라는 취지의, 동물학자 Desmond Morris의 말이 생각난다.

　버스를 기다리는데 옆에 있는 행인의 손에 들려 있는 것이 도넛이다. 도넛, 기름에 튀긴 음식, 열량이 얼마나 많은데.... 이미 과체중(過體重)이 된지 오래련만.... 그 앞을 지나는 검은 옷의 여인과는 대조적이다.

　나는 문득 대학 1학년 영어 교재에 들어 있던 서머셋 모옴의 단편 소설 "Red"를 떠올렸다. 주인공 남자는 열대의 섬에서 한 여인을 만나곤 평생 그 여자를 그리워하면서 살았다. 나중에 나이 들어서 다시 그 섬에 가게 된 그는 그 여자를 수소문해서 찾으려 했으나 찾을 길이 없었다. 그런데 그가 그때 그 섬에서 이야기를 나눈 매우 뚱뚱하고 볼품없는 여인, 그 여인이 그가 평생 그리워하던 바로 그 여자라는 것을 알게 되었다. ―대략 이런 이야기다. 나는 전혀 상관없는 일들을 '연관' 시키느라고 애쓰고 있다.

　결국 버스는 왔다. 그것을 타고 마노아 종점에서 내렸다. 그랬던가? 마노아 골짜기가 이랬던가? 山과 숲이 이미 나를 압도한다.

한 무리의 닭을 만났다. 자그마하고 예쁜 닭들이다. 그리고 행복한 닭들이다. 가축도 짐승도 저렇게 행복해야 한다!

여자에게 허세부리는 것은 수탉을 당하랴. 군계일학(群鷄一鶴)이라지만 군계(群鷄)가 결코 밉지 않다. 사실 닭 종류에는 예쁜 것이 꽤나 많다. 삐까소가 괜히 닭을 즐겨 그렸을까?

(2009. 2. 7.)

Ho'omaluhia 식물원에서 斷想: 구름이 넘어가는 고개

　　정말 구름이 산등성이를 넘는다. 어느 노래의 노랫말과 송강(松江) 정철(鄭澈)의 시조가 떠오른다. "구름도 쉬고 넘는…"이랬던가? 내가 트로트를 좋아하지 않아서 잘 생각이 안 난다. 정송강(鄭松江)의 시조는 비감(悲感)하다. "철령 높은 재를 자고(?) 넘는 저 구름아 / 고신(孤臣)의 원루(冤淚)를 (비삼아 띄었다가 ???) … / 님 계신 구중심처(九重深處)에 뿌려본들 어떠리." 대체로 이런 시조였는데 역시 잘 생각이 나지 않는다. 확실한 것은 정말 구름이 재를 넘는다는 것이다.

　　　　　　　　　　　　　　　　　　　　　　　(2009. 2. 11)

Kuli'ou'ou trail: 율곡 성리학과 이끼식물(地衣類)

난 이곳엔 뭔가 특별한 것이 있다고 생각했다. 곧 trail을 따라 정상에 다다르면 전방위 360°를 조망(眺望)할 수 있다는 것이다. 그러나 나는 정상까지 가지는 못했다. 이 trail은 오아후 섬의 남동부에 있다.

나는 이 책, 곧 오아후 섬의 hiking guidebook과 rent한 자동차가 없었으면 이곳에 오지 못했을 것이다. 전처럼 버스를 탔다면 그 자체가 엄청난 시간이 들어서 아침 이른 시각에 이곳에 오는 것은 근본적으로 불가능 했으리라. 책은 나에게 지식과 정보[또는 이치]를 제공한 것이니 '理'(리)요, 자동차는 나를 이동시킨 에너지를 제공한 것이니 '氣'(기)다. 책(理)은 자동차(氣)의 운동방향을 제시한 것이니 '理'는 '氣'의 주재(主宰)요(理者氣之主宰也), 나는 그러한 정보를 갖고도 자동차(氣)의 도움을 받지 않으면 이곳에 올 수 없었을 터이니 '理'는 '氣'를 타는 것이다(理乘氣發). 나는 오아후섬 Kuli'ou'ou골짜기에서 갑자기 율곡선생이 가르쳐 주신 성리학을 생각해 보았다.

공해가 적은 곳의 이끼는 밝은 초록빛을 띤다(고 알고 있다). 이곳의 이끼가 그렇다. 이끼란 '바위에 수(繡)놓는 자'다. 그걸 오늘 깨달았다.

(2009. 6. 6.)

亡國의 君主

Ali'iolani Hale, Iolani Palace, Washington Place를 망국(亡國)의 군주, Lili'uokalani와 연결시켜 보면 망국비사의 편모(片貌)가 떠오른다. Ali'iolani Hale는 Iolani Palace의 앞에 (길건너에) 있는 건물로 지금은 하와이 주의 대법원 건물로 쓰이고 있다.

Aliʻiolani Hale

Washington Place는 이올라니 궁(宮)에서 북 쪽으로 길하나 건너서 있는데(그 사이에 주청사<州廳舍>, State Capitol이 있다) 12대에 걸쳐서 주지사(州知事)의 관저(官邸)였다.

비운(悲運)의 마지막 군주 Liliʻuokalani 여왕은 1893년 1월 17일 Aliʻiolani Hale에서 공식적으로 왕위를 박탈당했고, 그럼으로써 하와이 왕국은 붕괴했다. 반란을 주도한 무리들은 미국 해병대와 사탕수수 농장주들이었다. 그 전날 착륙한 미국 군대는 이올라니 궁 가까이에 포진해 있었고, 여왕은 군사대치와 유혈(流血)을 방지하기 위해서 미국 정부에 항복한 것이다. 2년 후 1895년 왕정복고(王政復古)를 기도(企圖)하는 무리들의 움직임이 시동(始動)도 못하고 제압되어 190

명이 내란음모혐의로 체포되었는데 이때 여왕도 하와이 공화국(Republic of Hawaii) 당국에게 고발당해서, Iolani 궁(宮) 1층의 Throne Room에서, 내란음모 은닉죄로 유죄판결을 받았다. 당시 미국은 왕성한 군사활동, 즉 살인과 파괴를 통해서 쿠바, 푸에르토리코, 필리핀, Virgin Island를 손에 넣었다(스페인-미국 전쟁의 '전리품'이다.) 여왕이 투항하지 않았다면 결과가 어떠했을지는 분명하지 않은가. 지금도 미국은 아프가니스탄과 아라크에서 아무 거리낌없이 사람을 죽이고 파괴하는 전쟁국가 아닌가! [참고: John Dominis Holt, Hanai, A Poem for Queen Liliuokalani, Honolulu: Topgallant Publishing Co., 1986.]

친미(親美)・숭미(崇美)는 대한민국의 종교다. 그래서 대한민국 국민은 미국이 하는 일은 다 옳은 것으로 여기고 아무도 의문을 제기하지 않으며, 또 그래야 한다. 타국에 대한 주권침탈은 나쁘다. 일본이 조선의 주권을 빼앗아 조선을 병탄(倂吞)한 것은 천인공노(天人共怒)할 일이다. 그러나 미국이 하와이를 병탄한 것은 괜찮다. 미국이 한 일이니까 다 그럴만한 이유가 있다. 소련이 아프가니스탄을 침략한 것은 나쁘다. 그러나 미국은 괜찮다. 그럴만한 이유가 있다. 미국이 이라크를 무력침공해서 수많은 사람을 죽이고 포로를 고문하고, 심지어 즉결처분(살해)하고, 바그다드를 포함한 이라크 곳곳을 생지옥으로 만드는 것은 '침략전쟁'이 아니다. 그래서 '침략전쟁'을 부인한다는 헌법을 가진 대한민국이 군대까지 파견해서 그들을 도와주지 않았던가! 친미(親美)가 종교신앙인 한국인들이, Hawaiian들에 대한 주권과 권리침탈에 대해서 털끝만치도 관심을 갖지 않는 것은 오히려 당연하다.

Iolani Palace

Washington Place

여왕 Lili'uokalani, 왕위를 박탈당한 후, Washington Place에서.

여왕은 궁(宮)의 2층 침실에 8개월간 연금(軟禁)되었고, 다시 Washington Place로 옮겨져서 1917년 생(生)을 마감할 때까지 이곳에 갇혀 살았다. 하와이 왕국의 마지막 군주가 초강대국 미국의 첫 번째 대통령의 이름이 붙은 저택에서 20년 이상을 감옥살이 한 모순과 아이러니를 어떻게 설명하면 좋을까?

Washington Place의 정원

이것이 Washington Place의 정원이다. 나는 이것을 '여왕의 정원'이라고 부르고 싶다. 여왕이 이곳에 갇혀 지낼 때에도 정원은 이랬을까? 우리가 보기엔 꽤 널찍한 정원도 여왕의 恨(한)을 달래기에는 턱없이 부족했을 것이다.

'공화국'에 의해서 사실상 '종신형'을 받고, 22년을 갇혀 산 비운의 여왕을 위해서는 와이키키나 다운타운에 동상(銅像) 하나 없다. 망국의 군주는 늘 비참할 수밖에 없지만, 왕국을 해체하여 공화국으로 만들고, 그 '공화국'을 다시 미국이라는 거대한 세력에게 병탄(倂吞, annexation) 당하게 한 거대한 음모의 본질은 무엇이었을까?

나는 이런 생각을 한다. 미국군대의 무력시위와 위협 앞에 주권포기에 직면한 하와이 국왕 앞에, 전(前)에 모든 것을 이해하고 도와준다는 태도를 보였을(?)(그래야 '선교<宣敎>'가 가능했을 것이다) 미국의 선교사들은 어떤 모습으로 나타났을까. 아니면 나타나지 않았을까. 그들은 겉으로라도 하와이 왕국이 독립을 유지하도록 도와주었을까? 오히려 하와이가 확실한 기독교 국가의 일부가 된다는 것은 '축복'이며 '구원'이라고 하지 않았을까? 모를 일이다. 정말 모를 일이다.

자신들의 땅, 그리고 조상들의 땅에서 '이방인'이 되고, 낯선 존재가 되고, minority, 또는 구경거리가 된 것이 오늘날 Hawaiian들의 모습이다. 완전히 학살당하고 멸종(genocide)되어 이방인의 침략을 개탄할 후손이 남아 있지 않은 여러 Native American 종족들('인디언'이라고 잘못 부르는)보다는 그래도 나은 편이라고 할까?

[참고] Despite American political and territorial control of Hawai'i since 1898, Hawaiians are not Americans. Nor are we Europeans or Asians. [Italics original]. ⋯ The injury Hawaiians have suffered at the hands of the American government begins with those characteristic practices now commonplace in twentieth century international relations: invasion, occupation, and takeover. ⋯ Modern Hawai'i, like its colonial parent the United States, is a settlers society; that is, Hawai'i is a society in which indigenous culture and people have been murdered, suppressed, or marginalized for the benefit of settlers who now dominate our islands. [Haunani-Kay Trask, *From A Native Daughter, Colonialism and Sovereignty in Hawai'i*, Revised ed., Honolulu: University of Hawai'i Press, 1999]

"Our country has been and is being plasticized, cheapened, and exploited. They're selling it in plastic leis, coconut ashtrays, and cans of 'genuine, original Aloha.' They've raped us, sold us, killed us, and still they expect us to behave⋯. Hawai'i is a colony of the imperialist United States."

Kehau Lee on envictions of Hawaiians from Native lands, 1970 , cited in the book above, Haunani-Kay Trask, *From A Native Daughter*.

어쨌든 이곳에도 민족운동과 독립운동이 있다. 아래 사진들이 그것을 말해준다. 비록 그것이 허공에 흩어지는 메아리 없는 소리일지라도. [과거 우리의 선현(先賢)들이 독립운동을 할 때 누가 귀담아 들어주기나 했던가? 허공에 흩어지는 메아리 없는 소리가 아니었던가?]

(2009. 3. 20.)

| 미국(本土) |

옛 Cherokee의 터전에서

지금은 빼앗긴 옛 Cherokee족(族)의 땅 Atlanta에 집들은 숲속에, 나무그늘 속에 평화로이 서 있고, 새들은 그 옛날과 같은 소리로 아침을 노래한다. Cherokee人들로부터 삶의 터전을 빼앗은 사람은 어떤 사람들이며, Cherokee人에게 나라와 터전을 포기하고 Oklahoma로 강제 이주하도록 한 나라는 어떤 나라인가? (그 겨울날의 이주 길에서 1만 4천 Cherokee人 중 4천 명이 죽었다. 그 길을 "눈물의 길"이라고 부른다던가!) 오늘 이 땅에 사는 침략자의 후손과 이주자들은 그 역사를 아는가? Cherokee人의 슬픔과 고통과 원한을 아는가? 무심한 새의 울음소리는 슬픈 것인가, 기쁜 것인가?

Cherokee人들은 자신들의 문자를 만들어 사용했고, 자신들의 국장(國章)과 법전을 만들었고, 자신들의 신문을 발행했지만, 그들의 독립은 인정받지 못했고, 그들이 조상대대로 살아 온 삶의 터전에서 쫓겨나 "눈물의 길"을 가야 했다. 나라를 빼앗긴 경험이 있는 우리로서는 그들의 슬픔에 공감할 수밖에 없다.

(1991. 6. 3.)

| 멕시코 |

유카탄반도: Maya人의 땅

Cancún에서 Chichen Itzá로 가는 버스가 예상보다 드물어서 대합실에서 오랫동안 기다려야 했다. 그 더운 날에 잠이 쏟아지는 것은 당연하다.

육로(陸路)의 긴 여행. 버스 안, 길가에서 만난 사람들은 Maya계, 스페인계, 그 혼혈인 할 것 없이 누구나 친절하다. ¡Qué gente tan simpática! (얼마나 친절한 사람들인가!) 길가의 초가집들이 근처의 수목과 조화를 이루어 한없이 평화스럽다. 초가집에 살면서 해먹(hammock)에서 자는 저 우리의 동족들은 가진 것은 없어도 마음의 평화는 있을 것이다. 누구를 착취, 편취, 속이고 괴롭히지는 않을 것이다. 자본주의가 인간성을 망쳐놓기 이전의 인간들 아닌가. 우리도 전에는 그랬다.

버스에서 만난 한 Maya의 여인이 내게 묻기를 Maya어를 아느냐고 한다. 유감스럽게도 모른다고 답했다. 그리고 Maya어를 곧잘 하는 그의 두 딸에게 덧붙였다: Uds. tiernen que aprender y conservar la lengua y la cultura de Maya. (너희들은 Maya의 언어와 문화를 배우고 보존해야 해.)

(1991. 5. 11.)

| 뉴질란드 |

Aotearoa

뉴질란드의 원주인 마오리人들의 말로는 이 나라가 **Aotearoa**입니다.
뜻은 (山에 걸려 있는) '하얗고 긴 구름'입니다.
'뉴질란드'란 말에 비해서 얼마나 낭만적이고 자연적입니까?
이 사진이 aotearoa입니다.

(2013 7 3)

| 중 국 |

중국풍광

눈이 휘둥그레진 멋진 경치는 곤명에서 남동쪽으로 100km 쯤 떨어진 곳에 있는 석림(石林)이었습니다. 그곳에서 내가 찍은 코끼리바위는 정말 코끼리 같지요?. 곤명 근처의 구향(九鄕)동굴도 굉장했어요. 동굴 속으로 폭포가 쏟아지는 것이 아니겠어요?. 그런데 낙산(樂山)의 저 대불(大佛)은 오늘도 하염없이 흐르는 저 강물(岷江)을 쳐다보면서 무슨 생각을 하실까요....?

2004. 2. 14.

樂山大佛

岷江

태호(太湖)

무석(無錫)은 큰 호수―태호(太湖)―의 도시입니다. 당성(唐城)이라는 영화, 드라마 촬영장이 있습니다(와아건<王建>셋트 같은). 태호로 가는 길은 별두저(鱉頭渚)공원이며 그 곳에서 배를 타고 호수안의 선도(仙島)로 갑니다. 선도 안에는 도교적인 사당―건물―이 있는데 대단히 키가 크고 위엄있는 분이 그곳에 계셨습니다. 물었지요. 저기 저분은 누구시지요? 답은 <위황다디>. 위황다디, 위황다디... 앗 옥황상제로구나 그 분을 이곳에서는 옥황대제(위황다디)라고 부르는구나....

이 날 호수엔 안개가 짙게 깔리고 비도 떨어졌습니다. 다음과 같은 흉내詩를 썼습니다.

(2003. 2. 15)

태호선유(太湖船游)

洋洋太湖船上游	양양한 태호에서 뱃놀이하네
濃霧細雨水天渾	짙은 안개, 가랑비, 물·하늘이 하나로다.
站在船首雨滴衫	뱃머리에 서니 비 저고릴 적시는데
時有片舟點點遠	때마침 조각배 하나 점점 멀어져.

중국의 버드나무

버드나무가 없다면 그것이 어찌 중국이랴. 한국의 버드나무들은 '알러지 전파의 주범'이라는 오명(汚名) 속에 나날이 사라져 가고 있지만 중국의 버드나무들은 굳건히 살아남아서 멋과 낭만을 더해 준다.

濟南 표돌천(趵突泉)

北京 이화원(頤和園)

당나라 시인 하지장(賀知章)은 2월 봄바람이 마름질한 가녀린 버들잎을 노래했다.

　　　버드나무를 노래함(詠柳)　　　　　　賀知章(唐)

　　　碧玉妝成一樹高　　　푸른 옥으로 치장한 듯 높다란 나무여
　　　萬條垂下綠絲條　　　일만개 버들가지 푸른 실을 드리우다.
　　　不知細葉誰裁出　　　저 가녀린 잎새들을 그 누가 재단(裁斷)했나
　　　二月春風似剪刀　　　2월 봄바람은 재단가위 같구나.

　　　　　　　　　　　　　　　(2009 여름. 2014 초봄에 다시 씀.)

시(詩)

태산(泰山)

陟彼泰山	태산에 오르니
山深松老	산 깊고 솔 늙어
古人足跡	옛사람의 발자취
我今踏之	나 오늘 다시 밟네
泰兮山兮	태산이여, 태산이여
壯偉其氣	장엄토다 그 기상
浮沈世上	세월의 부침(浮沈)을
默而觀之	묵묵히 보고 있었구나.

(2003. 8. 6 ~ 8. 20.)

황산(黃山)

昔聞黃山今日來	옛 듣던 황산 오늘 와보니
別有洞天眼前開	별유천지가 눈앞에 열리네
白雲撫峰松依巖	구름은 산봉우리에 걸치고 솔은 바위를 기대는데
俗世煩慮散不在	세속 번뇌는 오간데 없구나

(2002. 7. 13.)

투르판송년(吐魯番送年)

離家萬里來西域　　집 떠나 만 리 서역 땅에
太陽一沒一年去　　해 한번 지면 한해가 가네
高昌荒廢惟跡存　　고창성은 황폐하고 흔적만 남았는데
火焰山下駱鳴孤　　화염산아래 낙타울음 외롭다

(2003. 12. 31)

신년희비(新年喜悲)

誰謂萬法本原同　누가 만법의 근본이 같다고 했나
世事風情各相異　세사풍정은 서로 다르네
乞人伏地競凄凉　거지들은 땅에 엎드려 처량함을 다투는데
酒廳婚禮滿堂喜　주청 혼례에는 기쁨이 넘치네

신강성(新疆省) 우루무치(烏魯木齊) 풍경.

(2004. 1. 2)

돈황(敦煌)

敦煌未明星垂光	돈황 새벽에 별빛 쏟아지고
莫高土佛微笑莞	막고 토불 미소 그윽해
網路駝隊足跡滅	비단길 대상의 발자취는 사라지고
玉門古城千年含	옥문관 고성은 천년을 머금었네

(2004. 1. 3)

고성낙타(古城駱駝)

駱駝如君子	낙타는 군자와 같다
步行確可依	확실한 걸음걸이 의지할 만하고
寒暑猶毅然	추워도 더워도 언제나 의연해
飢渴不情移	배고픔 갈증에도 정(情)은 변함없네.

(2004. 1. 4)

내장산설중시(內藏山雪中柿)

晚秋到內藏　　늦가을 내장산에 닿아서
心待秋色濃　　짙은 가을빛을 기대했는데
丹楓隨霜去　　단풍은 서리와 함께 가버리고
雪中柿獨紅　　눈 속에 감만 홀로 붉더라

　　내장산 오른 뜻은 단풍을 보쟀더니
　　단풍은 가고 없고 백설만 만건곤터라
　　이 중에 늦감이 고우니 山 맛이 일품이라

(2008. 11. 19)

자작반전시 (自作反戰詩)

殺民奪土建國后	원주민 학살하고 땅 빼앗아 나라세워
捕人爲隷與墨戰	사람잡아 노예삼고 멕시코와 전쟁했네
旣虐越人今殺伊	월남사람 학살하고 이라크인 또 죽이니
罪業高於須彌山	그 죄업 어찌 수미산보다 낮겠는가.

旣得大利爲富國	이미 큰 이익 얻어 부국 되었고
國土資源被人羨	국토와 자원은 남이 부러워하건만
不知知足又侵伊	아직도 부족하다 이라크를 침공하니
不奪不厭孟子言	맹자가 그랬던가 뺏지 않으면 만족 못한다고

被殺受傷伊人苦	죽고 다침을 이라크인의 고통이고
轟炸侵土布什樂	포격하고 침략함은 부시의 즐거움일세
巨惡爲利行殘虐	거악(巨惡)은 이익좇아 잔학을 행하고
小國喜面爲次惡	소국(小國)은 만면희색 버금가는 악을 행하는구나

巨國喜歡蹢異國	거국이 남의 나라 유린하기를 즐기니
侵奪一國飜手易	한 나라를 침탈함이 손뒤집기처럼 쉽구나
小國存滅巨惡決	작은 나라의 존망을 거악(巨惡)이 결정하니
棄兵共榮何日期	무기버리고 함께 번영하기를 언제나 기약할까.

부록(附錄)

부록(1): 외국어 글

不知是知 知是不知

　　井中之蛙　不知道井外之事，但是关於井内之事　知道得仔细．因为它不知道井外有广大的世界　它相信自己全部知道．所以我说　不知就是知．

　　以前我们祖先想天空是人家能看到的．他们以为人家的眼光到达的地方之外没有一个东西．现在我们知道　宇宙就是广大无边的．除了我们的银河系　还有许多银河系．宇宙就是有始有终的．宇宙现在正在膨胀．我们的知识这麽增大，不了解的问题越多．宇宙的始源是甚麽？Big Bang是甚麽？Black Hole是甚麽？所以我说　知就是不知．

　　去旅行一样．在外国我们实在不知道外国的文化内容　和外国人的想法．所以不了解的事情比较少．我们只要看风景吃美菜．关於国内之事，我们知道的比较多，所以不了解的事情也多．比方说，韩国以前因外国的侵犯吃苦得很多，现在怎麽　同意侵犯帮助美国喽．海边的海泥是万世可享的民族资产，卢总统怎麽公言　政府一定开发(破坏)这麽好的泥土喽．

　　国内的事情我不了解的很多，所以头痛．在外国，我不了解的很少(因为，知道的太少)．我只好玩风景，喝啤酒，吃美菜，看美丽的姑娘．所以我喜欢去外国旅游，不喜欢看电视新闻．不知是知之源，知是不知之始．借用老子的话法说:

世人皆知爲知是不知

世人皆不知爲不知是知

世人皆知天下之事而喧之

我獨不知而無言 如赤子之無心

是故 不知是知之母

知是不知之始

知可知非常知

上善若不知

知己之不知而自謙 則近道.

Donald's parody

世人皆知爲知是不知	天下皆知美之爲美斯惡已
世人皆不知爲不知是知	皆知善之爲善斯不善已 (第2章)
世人皆知天下之事而喧之	(衆人熙熙 如享太牢 如春登臺)
我獨不知而無言 如赤子之無心	我獨泊兮其未兆如嬰兒之未孩 (第20章)
是故 不知是知之母	故善人不善人之師
知是不知之始	不善人善人之資 (第27章)
知可知非常知	道可道非常道 (第1章)
上善若不知	上善若水 (第8章)
知己之不知而自謙 則近道.	知不知上 不知知病 聖人之不病也 以其病病 是以不病 (第71章)

<終>

(2003. 11. 28~29)

度過閒假[1)]

技术越发展，人们的闲暇时间越长越重要. 不过很多(韩国)人把度过闲暇时间做为跟看电视或者打纸牌一样的事. 很多人不知道闲暇是存心养性的好机会, 他们度过闲假时间, 一直做无益的活动, 比如一个人玩网络游戏玩上瘾, 不睡觉玩游戏. 那种度过闲假时间的办法是Marx说的疏外的一种. 闲暇不为我服务, 反正我为闲暇服务. 为了度过闲假时间多多打工生利, 度过闲假时间以后心身太累, 那不是闲暇为我服务的. 用佛家语说: 那种度过闲暇时间的办法是上瘾于贪嗔痴三毒让自己更疏外的.

度过闲假时间的办法跟人们的所乐有紧密的关系. 自孔子以来儒者文人不惮说乐, 他们说的<乐>很多: 有<有朋自远方来>的孔子之乐, 有<乐亦在其中>的颜渊之乐, 有<沐浴沂水>的曾叁之乐, 有<反身而诚乐莫大焉>的孟子之乐, 而且有<乐夫天命复奚疑>的陶渊明之乐, 有<秉烛而夜游>的李太白之乐….

乐有两种. 第一是以身及物的. 看月自喜, 登高小物就是这种. 陶弘景所写的隐居诗<山中何所有 / 岭上多白云 / 只可自怡悦 / 不堪持寄君>说得明白这种情况. 第二是以物及身的. 尝美菜而自足, 与美人交而自喜是那种. 在第一种的乐主体是我. 我看月月亮常常等我, 我想爬山山经常欢迎我. 在第二种的乐主体不是我. 美菜难得, 佳人易去(佳人有约). 不得美菜我不满意, 佳人离我我心痛惜. 所以说: 第二种的乐不是完美的.

---

1) 2005年十一月十八號, 我去大邱啓明大學, 參加了一個學術報告和討論會. 題目是<閒暇的過去, 閒暇的將來>. 人家不但說<閒暇>而且說<樂>, 因爲人家的閒暇活動跟人家所喜歡的有緊密的關係. 我把那天所聽的話, 添加自己的主意, 寫文如下.

不过, 圣人也有第二种的乐. 孔子闻韶三月不知肉味. 这种乐会变成良药, 会变成病毒, 那就是程度的问题. 跟朋友喝酒是好事, 可是如果我跟卢泰(我的朋友)喝三瓶白酒喝到早晨, 那并不是好事. 跟佳人有友谊是好事, 问题是我对她有特别的关心, 寤寐不忘, 她不在吾心不安的情况. 中庸说的<发而皆中节>有这种意思. 所以我说: 第二种乐, 重要的是程度. 人们应该注意, 乐不要过分, 我们要<乐而不淫>. 乐过分会变成苦, 比方说: 喝酒喝得太多, 会发生毛病.

度过闲假时间的好否就是所乐的问题. 第一, 所乐以身及物就是没有问题. 第二, 所乐以物及身, 重要的是乐不过分. 不过分, 你可以做得到吗? 我不能. 孔子年七十就能<从心所欲不踰矩>. 我怎麼可能不过分而<不踰矩>?

(2005. 11.)

小雅之爲人也[2)]

小雅之为人也 天性聪明 甚好学文 不喜欢饮酒抽烟 亦不喜欢歌舞观听 小雅之乐 只在读书 不异乎<一日不读书 口中荆棘生>者也 与其夫 盗拿儿(Donald)成好对照 其夫不弃爱綦好酒乐歌舞观听之浅趣 虽欲效妻 心不在於书 当然小雅 因其浅趣 高其声而骂其夫 盗拿儿虽知其妻之言深造真理 乃遂不能实行 悲夫 然事物有分别差异 乃成调和 伉俪亦然

---

2) 小雅是我太太的雅號.

小狗作詩

各位好. 我是Donald的丑'东一'(똥이). 韩国有话, 堂狗三年吠风月, '堂'是书堂. 我住Donald家三个月, 作一首诗, 给主人听如下.

　　　　花开鸟鸣来　　/　　我困树下睡　　/　　月明霄星稀　　/　　主人何时归

却说, 前日主人问我, 你家可以吗, 要不要把大的换一下? 我回答: 昊天我衾, 大地我床, 家之大小, 於我何事. 另外的, 连田兰玉老师(外国人, 丈夫是韩国人)用太小的房间, 我这个小小的丑狗(外国狗, 主人是韩国人), 怎麼敢用大的. 主人说: 这只小狗, 外貌虽丑, 思想近理.

(2006. 5. 24.)

芝谷書堂 芳名錄 (當時舍兄爲領導)

物我同老归一处
万法不二日寻真

(2003. 7. 24)

秋色

四季中 秋季最可爱.

秋色浓. 春色是新绿春花的颜色, 不浓.

秋色是枫叶秋实的颜色, 浓而深. 古人指石榴写, <石榴皮里碎红珠>, 是秋色.

秋声萧. 秋水洒流而成滩, 是秋声. 秋风括於树间, 是秋声.

秋心切. 秋天没有<木欣欣而向荣>之势, 只有顾行待灭之情. 欧阳修说的话, <夫秋之为状也, 其色惨淡, …其容清明, …其气栗冽, …其意萧条> 真有道理. 他又说过:<物既老而悲伤, …物过盛而当杀>, <夫秋, 刑官也>. 我以为他说了明白为什麽秋心切悲. 当秋天 我要以无悲无不悲为心, 以等冬天.

(2003.)

悼道原先生文

今闻先生之长逝, 有人生之无常与往者之不来的感怀. 先生从少年沈潜於学问, 发现玄妙之理甚多, 至於老境, 不止精进, 须臾不离古之好学者之求道. 故吾曰, 道原先生前未有道原, 道原先生後将无道原. 噫, 道原先生一去, 谁犹存而传古人之求道乎.

  後学 李东仁 泣书.

(2011. 2. 28.)

Drunken view, sober mind[3]

In a parody of a monologue from Shakespeare's Hamlet, I would like to make a praise of wine: "What a piece of work is wine! how sweet in taste! how great in faculty!... in consolation how like a savior!" What is the wine for? What is its power or faculty? The answer must be diverse for different people, and I have my own way of answering this.

To me the power of wine lies in providing its users a kind of lens, which, when properly used, makes the world look more beautiful and more worth living in. It also has the power of reducing the social distances between people, and of mitigating the stress and competition from the social world, thus enhancing the peace of mind for its users. The grass seen through the lens of wine is even greener, and the world more endurable. It is true that the view seen through that lens is quite false and unrealistic, but I agree with Nietsche in that as the naked truth is always shocking, repulsive and destructive, we need a tissue of delusions which keep it from our eyes. In Nietsche's words, "Without an acceptance of logical fictions ... without constant falsification ... man would not be able to live -- that renunciation of false judgement would be tantamount to a renunciation of life, a negation of life."

Though we admit that we need a drunken view somewhat distorted through the lens of wine, we must keep our mind sober. Proper dosage of wine has the liberating effect upon our mind, thus making us think

---

3) 충남대학교의 영자신문 *The Chungdae Post*, 제165호(May, 1996)에 게재된 글.

more freely (liberated from everyday concerns) and differently (out of our fixed way of thinking). We should keep in mind the Confucius' monition: "Enjoy yourself but do not indulge yourself.(樂而不淫)." Wine is a real Janus. It is a medicine as well as poison; a close friend as well as a treacherous enemy. The choice is always up to you. If you insist on drinking without any limit or brake, I am sure that wine should soon turn out to be your most harmful enemy. If you stop drinking finding you've got already a drunken view of the world, wine will remain your faithful friend, ever anwering your call when you need him. Let us keep our mind sober even when we need a drunken view of the world.

부록(2): 술 이야기[1]

알콜중독-현실도피에 대한 동양사상적 진단과 대응
— 중국과 한국의 문인을 중심으로—

1. 序言

술은 진정한 두 얼굴의 존재──야누스(Janus)──이다.[2] 술은 인생을

---

[1] 이 글은 2011년 6월 24일, 충남대학교에서 개최한 사회학대회, 동양사회사 상분과에서 "**알콜중독-현실도피에 대한 동양사상적 진단과 대응: 중국과 한 국의 문인을 중심으로**"라는 제목으로 발표한 글이다. 여러 자료들(이를테 면 李穡, 李奎報 등의 詩)을 필자가 직접 찾지 아니하고 이상희님의 『술한국 의 술문화』에서 가져왔다. 발표장소에 와 주신 金敎憲, 劉彩英, 崔海京 교수에 게 감사한다. 분명히 크게 실망하셨을 것이다.

[2] 발표자는 술이 야누스라고 쓴 적이 있다: "Wine is a real Janus. It is a medicine as well as poison; a close friend as well as a treacherous enemy. The choice is always up to you. If you insist on drinking without any limit or brake, I am sure that wine should soon turn out to be your most harmful enemy. If you stop drinking just after getting a drunken view of the world, wine will remain your faithful friend, ever answering your call when you need him. Let us keep our mind sober, even when we need a drunken view of the world("Drunken View, Sober Mind", The Chungdae Post, No. 165, 1996. 3. 31)." 이러한 시각에서인지 남태우씨는 술에 관한 자신의 저서에 『알코올의 야누

윤택하게 해주기도 하고 인생을 망치기도 한다. 술에 대한 한국인과 중국인의 태도는 술의 중요성을 충분히 이해하여 일상생활에서 술을 충분히 받아들인다는 점과, 그럼에도 음주의 節度를 강조하여 술로 인한 破局을 줄여보려 한다는 점이다. 술이 동양인의 삶에서 배제할 수 없는 중요성을 가졌다면, 술이 그들의 삶에서 갖는 의미는 무엇이었으며, 그것이 초래할 수 있는 해독에 대한 대책은 어떤 것이었는지를 알아보는 것은 뜻 있는 일이다. 본인은 이 문제를 중국과 한국의 문인들을 중심으로 살펴보려 한다. 여기서 '문인'이란 말은 문필가, 사상가, 관료를 포함해서 과거의 지식층을 뜻하는 의미로 사용되었다.

2. 술의 功效

술은 명절을 맞이할 때(歲時風俗), 冠婚喪祭 등 禮式을 거행할 때, 각종 宴會에서, 농어업의 노동에서, 추위와 더위와 배고픔에 지쳤을 때, 손님을 접대할 때, 친구와 함께 즐기거나 惜別의 정을 나눌 때, 일상생활의 필수품이다.3) 술은 이처럼 일상생활에서 遊離될 수 없는 필

스적 문화』(서울: 창조문화, 2002)라는 이름을 붙였다. 술에 관한 하나의 전설은, "우임금 때 이르러 儀狄이 술을 만들었다. 우임금이 이를 마셔 보고 '맛이 좋다'고 하면서 '후세에 반드시 술 때문에 나라를 망하게 하는 자가 있을 것이다'라고 말했다. 그리고는 마침내 儀狄을 내쳐 버렸다(『十八史略』) (이상희, 2009a, 216). 儀狄은 전설상의 인물 嫦娥(항아) 또는 常儀와 동일 인물로 여겨진다(何滿子, 2004: 52). 전설에서 보듯이 술은 발생초기부터 인류에게 사랑과 미움을 동시에 받을 운명을 타고 났다.
3) 그러기에 애주가에게 술은 하루라도 없어서는 안 되는 물질이다. 李穡에 의

수품이기에 漢書에는 술을 가리켜, '술은 하늘이 내린 아름다운 福이니, 온갖 儀禮가 술 없이는 이루어지지 않는다'(酒者, 天之美祿也. 百禮之會, 非酒不行)[漢書 食貨誌]이라 하였다.

이상희에 의하면 술은 다음과 같은 사회적 效用이 있다.[4]

① 각종 儀式의 필수품

술은 각종 의식에서 필수품이었다. 그것은 고대 인도, 이집트, 희랍에서도 마찬가지였다. 그것은 인간과 신을 이어주는 신성한 제물이기도 했다.

② 인간관계의 원활화

술은 인간관계를 원활하게 하는데 기여한다. 술을 통해서 서먹서먹한 관계에 있던 사람과 조금 더 친밀한 관계를 맺을 수도 있고, 이미 형성되어 있는 친근한 사람들의 관계를 더욱 밀접한 것으로 만들어 갈 수도 있다. 함께 술잔을 나누면서 상대방에 대한 경계심이 누그러지고 신뢰감과 친근감이 증진되는 일은 얼마든지 있다.

하면, "술은 하루라도 없어서는 안 되고 /시는 하루라도 쉬어서는 안 되네. /…인간에게 시와 술은 그 공이 첫째로세.(酒不可一日無/詩不可一日輟/…人間詩酒功第一). 李穡, 詩酒歌, 『東文選』.

4) 이상희,『술한국의 술문화Ⅰ』(서울: 도서출판 선, 2009), 218-238쪽, '술의 效用'에서 술의 '社會的' 효용에 해당된는 부분을 이곳에서 소개하였음. 일부 사례는 필자가 변경하거나 보충함.

③ 藝術的 靈感을 촉진

술은 예술인들에게 靈感을 촉진하는 구실을 한다. 특히 많은 시인들에게 술은 詩情을 자극하고 창의력을 고취하는 도구였다.

④ 노동의 효율성 증대

인간의 육체노동에 드는 에너지는 음식물에서 나오게 마련인데, 전통적으로 우리의 농업노동의 중간에 마시는 막걸리는 노동의 효율성을 높이는데 기여했다. 목수나 어부가 한 잔 술로 기력을 북돋기도 한다. 반면 음주가 노동의 효율성을 떨어뜨리는 경우도 많다. 음주운전이 그 사례이고, 냉정한 사색을 필요로 하는 작업에도 지장을 초래한다.

⑤ 飮用과 藥用

술은 때로는 음료로서, 때로는 약(품)으로서 기능을 한다. 땡볕에서 일하는 일꾼에게 제공되는 시원한 막걸리는 술이라기보다는 훌륭한 음료며, 테니스 후에 마시는 맥주도 그러하다. 또한 술은 藥, 또는 그 대용품으로도 쓰였다. 빈혈에는 철분이 풍부한 적포도주가 쓰이기도 하였으며, 맥주가 利尿劑로 쓰이기도 하였다. 서부영화를 보면 상처를 치료할 소독약이 없을 때, 가슴에 품고 있던 위스키를 붓는다.

3. 술과 人生

그런데 사람들은 이러한 술의 '사회적 공효'를 생각해서 마시지는 않는다. 술 마시는 것이 즐겁고, 술이 맛이 있고, 술을 마시면서 친구와 이야기하는 것이 즐겁고, 술을 마시면 울적한 마음이 조금 사라지는 것 같고, 술을 통해서 부조리한 현실을 다소간에 넘어 설 수 있기 때문에 마신다는 편이 옳을 것이다. 이를 정리해 보자.

① 즐거움
사람들이 술을 마시는 가장 큰 이유는 술이 즐거움을 준다는 것이다.

② 현실도피

③ 근심해소
많은 사람들이 술을 통해서 근심을 잊었다. 曹操가 「短歌行」에서, "무엇으로 근심을 잊을고, 오직 술이로세"라고 한 것은 그 전형적인 양식이다.5) 陶淵明에게 술은 근심을 잊게 하는 물건(忘憂物)이었으며, 李太白은 술로 만고의 근심을 씻어내려 하였다(銷萬古愁).

---

5) 對酒當歌 / 人生幾何 / 譬如朝露 / 去日苦多 / 慨當以慷 / 憂思難忘 / 何以解憂 / 唯有杜康.曹操, 短歌行.

걱정거리는 천만가지인데	窮愁千萬端
좋은 술은 겨우 삼백 잔.	美酒三百杯
근심은 많고 술은 적으나	愁多酒雖少
술 마시면 근심은 오지 않는다.	酒傾愁不來
술의 聖스러움을 아는 所以는	所以知酒聖
술을 즐기면 마음이 열리는 까닭이다.	酒酣心自開

― 李太白, <月下獨酌 4>

金時習에게도 술은 근심을 덜어주는 물질이었다.

술 있으면 근심 이내 사라지고	有酒愁仍破
시 없으면 말로는 잘 표현할 수 없네.	無詩語未能
백 년 동안 언제나 취하기 원하노니	百年常願醉
짧은 律詩, 네가 내 벗이 되어다오.	短律爾爲朋

― 金時習, <夜吟> 후반. 『梅月堂全集』

그러나 아쉽게도 술은 근심을 일시적으로 잊게 해 줄 수 있고 우리의 관심의 초점을 근심되는 일로부터 일시적으로 돌려놓을 수는 있으나 그것을 근원적으로 없앨 수는 없다. 천하의 주객 이태백도 이 점을 잘 알았다.

| 칼을 뽑아 잘라도 물은 다시 흐르고 | 抽刀斷水水更流 |
| 술잔 들어 근심을 없애려 해도 근심은 더욱 깊어지네 | 擧杯消愁愁更愁 |

― 李太白, <宣州謝朓樓餞別校書叔雲> 部分

悲戀의 詩人으로 일컬어지는 宋나라의 陸游는 어떠한가?

거울이 맑아도	鏡雖明
밉게 생긴 사람 예쁘게 못 만들고	不能使醜者姸
술이 맛있어도	酒雖美
슬픈 마음 즐겁게 못해주네	不能使悲者樂

— 陸游, <對酒嘆> 첫 구절

④ 자아신장

애주가들은 술 속에서 자신의 시름, 걱정, 불명예를 잊고, 진정한, 보람있는 '나'(自我)를 발견한다. 물론 술 없이 진정한 나를 찾는 것이 이상적이겠으나, 보통의 사람들은 그럴 능력이 없다. 그래서 陶淵明이 歸去來해서 제일 먼저 찾은 것이 아마도 술독이었을 것이며, 술잔을 마주하고 구김살 없는 자아를 회복한다.

⑤ 다른 세계

술은 인간을 속세의 근심과 욕심으로부터 벗어난 다른 하나의 세계로 이끈다. 술이 사람들을 自我陶醉나 自得其樂의 無我之境으로 이끌고(王蘊), "사람들을 저절로 높은 경지에 오르도록 한다(王薈)."(남태우, 2002: 203). 그러면 나는 이 작은 '나'에 갇혀 있지 않고 타인과 共感하며 타인과 하나가 된다.

져근덧 가디 마오. 이 술 ᄒᆞᆫ 잔 머거 보오.
北斗星 기우려 滄海水 부어 내여
저 먹고 날 너겨ᄂᆞᆯ 서너 잔 거후로니
… 구만리 長空을 져기면 ᄂᆞ리로다.
이 술 가져다가 四海에 고로 ᄂᆞ화
億萬蒼生을 다 취케 ᄆᆡᆫ근 후의
그제야 고텨 맛나 ᄯᅩ ᄒᆞᆫ 잔 ᄒᆞ쟛고야… (鄭澈, 關東別曲)

수준 높은 술꾼은 술을 통하여 정신의 해방과 무한한 상상의 자유를 추구하고, 술을 통해 새로운 정신세계를 발견하고자 하였다. 이것이 陶淵明이 「음주사」에서 말한 "술 안에 깊은 뜻이 있다"(酒中有深味)는 경지이다(남태우, 2002: 204). 애주가들은 자신들은 술 안 마시는 사람들은 넘볼 수 없는 경지에 와 있다고 자부했다. 李太白에 의하면, "예로부터 聖賢은 모두 寂寞하지만, 애주가는 그 이름을 후세에 남겼다."(古來聖賢皆寂寞, 唯有飮者留其名. 「將進酒」).

⑥ 술을 벗삼음

獨酌하는 사람들은 대개 술을 벗삼는다고 볼 수 있다.[6] 李太白이

---

[6] 발표자는 전에 이렇게 쓴 적이 있다. "언제나 부르면 그 자리에서 대답하고, 나의 친구가 되어 주는 술을 아껴야지 함부로 대해서는 아니 된다. 내가 술을 함부로 대하지 아니 하면, 술도 나를 함부로 대하지 아니하고 나의 친구로 남아 있다. 거꾸로 내가 술을 함부로 대하면 그것은 나에게 날카로운 보복을 한다. 아름다운 장미가 가시가 있듯이 향기로운 술도 독이 있다. 그러나 장미에 찔리지 않고서도 장미의 아름다움과 향기로움을 즐길 수 있는 것

달빛 비치는 밤에 獨酌하는데, 달도, 그림자도 친구가 된다. 그렇지만 그의 더 가깝고 변하지 않는 벗은 술 자체였을 것이다.

꽃 사이에 술 한 병 갖다 놓고	花間一壺酒
친구도 없이 혼자 마신다.	獨酌無相親
술잔을 들어 밝은 달을 맞이하니	擧杯邀明月
그림자까지 합해서 세 사람이 되었구나.	對影成三人
… 담담한 정으로 영원한 友誼 맺고서	永結無情游
저 먼 은하수를 기약한다.	相期邈雲漢

— 李太白, <月下獨酌>.

高麗 文人 李奎報의 愛酒는 李太白을 匹敵할 것이다. 기사에 따르면, "이규보는 시와 함께 술을 평생 즐겼다. 그는 부친이 사망하여 喪中일 때도 술을 마셨고 병석에 누워서도 술을 마셨다."(이상희, 2009b, 531). 술은 그의 최고의 벗이었다!

병중에도 오히려 술을 사양 못하니	病時猶未剛辭酒
죽는 날에 가서야 비로소 술잔을 놓으리라.	死日方知始放觴
깨어서 날아간들 무슨 재미랴	醒在人間何有味
취하다 죽는 것이 진실로 좋을시고.	醉歸天上信爲良

— 李奎報, <明日又作>, 『東國李相國集』

이다." "과실주 빚어 마신다," 『한국인』, 1996년 2월호.

⑦ 술로써 情을 표함

술은 다른 어떤 음료보다도 맛이 진하며, 기분전환, 또는 감정강화의 효과가 탁월하다. 그러므로 조상에 대한 사모의 情, 연인에 대한 연모의 情, 친지에 대한 그리움의 情, 離別의 情, 死別의 아픔 등을 표하는데 술보다 더 좋은 도구가 없다.

4. 알콜중독으로부터 스스로를 구하는 길

한국과 중국의 문인들 사이에서 알콜(술)은 인간의 심신을 망칠 수 있는 다른 물질과는 달리 상당히 우대(?)를 받아왔다. 즉 한국과 중국의 사상가와 문인의 글에는 술을 금기시하는 태도보다 술을 삶의 반려로, 인생의 벗으로 여기는 태도가 훨씬 더 많이 나타난다. 그러나 전통 한국과 중국사상의 중심을 이루는 사상이 유가사상이며 유가사상이 중용과 절제를 무엇보다 강조하는 사상임을 감안하면, 큰 맥락에서 술에 대한 절제가 강조된 것은 당연한 일이다. 중요 유가 경전은 절제를 강조하며, 이 맥락에서 술에 대한 태도는 **禁酒가 아닌 節酒**다.

¤ 喜怒哀樂之未發, 謂之中; 發而皆中節謂之和.… 致中和, 天地位焉, 萬物育焉.(『中庸』第1章)

유가사상은 喜怒哀樂의 감정 자체를 결코 부정하지 않는다. 그것이 發하는 것은 당연하다. 그런데 發하는 감정이 節度에 맞아야 한다. 發

하는 감정이 절도에 맞는 것은 天地를 자리잡게 하고 萬物을 자라게 할 만큼 대단한 의미가 있는 것이다.

儒家의 주요 經典 『周易』이 강조하는 것도 節度다. 『周易』의 飮食養育卦에 해당되는 '頤(이)'의 象辭는 "愼言語, 節飮食"으로 되어 있다. 원래 頤는 턱을 가리키는 말이니, 곧 입(口腔)을 가리키는 글자며, 이에 입을 통해서 들어가는 음식과 나가는 말씀에 대한 警戒가 "음식을 삼가고, 음식을 절도 있게 먹는다"는 것이다. 물론 음식에는 술도 포함되어 있다.7) 程傳에 따르면, "말씀을 삼감으로써 그 德을 기르고, 음식을 절도있게 섭취함으로써 그 몸을 기른다."(愼言語, 以養其德, 節飮食, 而養其體.)

孔子는 많은 사람들에게 '萬歲의 스승'이었는데, 술 마시는 일에서조차 그러하였던 것 같다.

¤ 有酒無量, 不及亂.(『論語』 鄕黨)

곧 그는 술을 마시되 樂而不淫을 실천한 것으로 보인다. 孔子의 酒法은 量을 중시하지 않고 태도를 중시하는 것이었다. 술은 마시되 자세를 흩트리지 말아야 한다는 것이다.

흥미로운 것은 천하의 한다하는 애주가들이 술을 警戒하는 글을

---

7) 『周易』의 第60卦는 卦名 자체가 '節'이다. 이 卦는 (다른 卦도 마찬가지이지만) 狀況과 時宜를 중시한다. 이를테면 삼가 지켜야 할 때는(謹守) 戶庭에 나가지 않는 것이 허물이 없지만(節卦: 初九, 不出戶庭, 无咎), 있어야 할 때와 자리가 아닌데도 門庭에 나가지 않는 것은 凶하다(節卦: 九二, 不出門庭, 凶).

썼다는 사실이다. 고려의 酒豪 李奎報는 아들이 자신처럼 長醉할 것을 두려워했다.

네가 어린 나이에 벌써 술을 마시니	汝今乳齒已傾觴
장차 창자 썩을까 두렵구나.	心恐年來必腐腸
네 아비의 늘 취하는 버릇 배우지 마라.	莫學乃翁長醉倒
한평생 남들이 크게 미쳤다고 한다.	一生人道大顚狂
한평생 몸을 망치게 한 것이 오로지 술인데	一生誤身全是酒
이제 너까지 좋아하게 된 것은 어쩐 일인고	汝今好飮又何哉
삼백이라 이름 지은 것을 이제 후회하나니	命名三百吾方悔
날마다 삼백잔씩 마실까 두렵구나.	恐爾日傾三百杯

— 李奎報, <兒三百飮酒>『東國李相國集』

조선 酒豪 松江 鄭澈은 자신을 위한 戒酒文을 썼다.

　… 뜻이 丘壑(구학)에 있으면 마땅히 문을 닫고 출입을 끊으며 말과 행동을 삼가야 할 것이거늘, 動靜이 일정하지 않고 언어에 실수가 있으며 천가지 만가지 망녕된 일이 다 술로 인해 나오게 된다. 바야흐로 취하였을 때에는 기탄없이 마음대로 행하다가 깨고 나면 현혹되어 깨닫지 못하게 되고, 남이 혹 말을 하면 처음에는 믿지 않다가 그것이 사실임을 알게 되면 부끄러워 죽고 싶을 지경이다….

— 鄭澈, <戒酒文>, 『松江集』

李奎報와 鄭澈은 세상이 알아주는 酒豪였다. 그들이 不及亂의 경계를 넘어 간 것은 분명하다. 그러기에 李奎報는 "한평생 몸을 망치게 한 것이 오로지 술"(一生誤身全是酒)이라 하였고, 鄭澈은 "천가지 만가지 망녕된 일이 다 술로 인해 나오게 된다"고 하지 않았던가. 李奎報와 鄭澈은 훌륭한 愛酒家였지만 儒家的 節制의 정신을 실현하지는 못했다. 우리는 그러한 절제의 정신을 李仁老와 尹善道에게서 찾을 수 있다.

나는 몇 잔 밖에 못 마시는데	我飮只數杯
그대는 모름지기 한 말 술을 마시지	君飮須一石
그러나 취해서 도도하게 되면	及當醉陶陶.
모두 지극히 즐겁다.	至樂相與敵
두 볼에는 봄이 무르녹듯	兩臉若春融
온갖 시름이 얼음 녹듯 사라지니	千愁盡氷釋
어찌 많고 적음을 견줄까.	何須較多少
알맞게 마시는 것이 무엇보다 적합한 것을.	且得適其適.

― 李仁老, <贈酒友李湛之> 『雙明齋集』

술도 먹으려니와 德 업스면 亂ᄒᆞᄂᆞ니
춤도 추려니와 禮 업스면 雜되ᄂᆞ니
아마도 德禮를 딕희면 만수무강ᄒᆞ리라.

― 尹善道, <罷宴曲>

여러 文人, 儒生들도 飮酒에서 不及亂을 중시하였다. 鮮儒 栗谷은 "송간에 녹준(綠樽)을 녹코 벗 온 양 보노라"(소나무 사이에 술독을 놓고 벗오기를 기다린다)(「高山九曲歌」)라고 읊을 만큼 술 마시는 멋을 안

분이라고 생각되지만, 그는 술을 곤드레만드레 마시면 안 되며 그저 이만하면 됐다고 생각할 때 **그치는 것**이 옳다는(當宴飲酒不可沈醉 浹洽而止可也)(「擊蒙要訣」) 말로 過飲 또는 及於亂을 경계했다.

조선의 文臣 徐浩修(1736-1799)는 술의 功過를 동시에 언급했다:

술을 조금 마시면 인간에 도움이 되고, 과다하면 사람을 해친다. 氣를 화락하게 하는 정도로 그치는 것이 좋다. 적게 마셨을 때에는 체기를 끌어내어 약의 힘을 이끌어 주고, 피부를 윤택하게 하며 얼굴색을 환하게 해 주고 피를 통하게 하고 더러운 것을 막아 준다. 과다하게 마시면 간과 담에 부담을 주어 여러 맥이 부딪쳐서, 그로 말미암아 콩팥을 망치고 근육·뼈·胃에 문제를 일으키고, 오래 지속하면 먹을 것을 먹지 못하게 된다. 홀로 술과 함께 하면 죽을 날이 멀지 않다.

― 徐浩修, 『海東農書』

以上의 글에서 알 수 있는 것은 先儒들은 술의 피해를 알면서도 그것을 단념하지 않았다는 점이다. 또한 李奎報, 鄭澈 같은 酒豪들도 술의 피해를 잘 알고 있었다는 점도 알 수 있다. 그들이 이상적으로 지향하는 것은 "有酒無量, 不及亂."이라고 표현된 바와 같은 節制된 음주였지만 그것은 흔히 성공적이지 못했다. 儒家思想은 술을 대하는 마땅한 태도는 일러 주었지만, 그것을 실천하는 완벽한 방법론은 제공하지 못했다. 그것은 개인의 선택과 개인의 행동의 문제이기 때문에 완벽한 방법론은 처음부터 존재하지 않았을 것이다. 단 孔子는 이를 실천으로 보여 주었는데 그것이 從心所欲, 不踰矩이다. 이는 우리가 아는 최선의 음주모델이다.

  절제된 음주를 위해서 덧붙일 말은 음주가, 술의 긍정적 기능을 넘어서지 않았으면 하는 바람이다. 이를테면, 술은 인간관계를 원활하게 하고 胸襟을 터놓는 대화는 촉진한다. 그런데 그것이 逆으로 싸움을 촉진하고 인간관계를 파괴하는 방향으로 가서는 아니 된다. 또한 술은 일시적으로 슬픔과 괴로움과 근심을 덜어 줄 수 있다. 그런데 그것이 지나쳐서, 과도한 알코올 의존도로 인해 자신이 荒廢해져서는 안 된다. 술이 두 얼굴의 존재라면, 우리는 가능한 한 그 부정적 측면에서 벗어나 긍정적 측면에서 머물러야 한다. 그것이 동양사상의 가르침이다.

참고문헌

남태우, 2002. 『알코올의 야누스적 문화』, 서울: 창조문화.
이동인, 1996. "과실주 빚어 마신다," 『한국인』, 1996년 2월호. 사회발전연구소.
이동인, 1996. **"Drunken view, sober mind,"** *The Chungdae Post* (忠南大 英字新聞) No.165, May, 1996.
이상희, 2009a. 『술·한국의 술문화 Ⅰ』 서울: 도서출판 선.
이상희, 2009b. 『술·한국의 술문화 Ⅱ』 서울: 도서출판 선.
何滿子, 2004. 『중국의 술문화』, 서울: 에디터.

부록(3): 자필휘호(自筆揮毫)

素其位而行

素其位而行則必也無大過故中庸云
君子素其位而行不願乎其外又云
射有似乎君子失諸正鵠反求諸其身

天地之常以其心普萬物而無心
聖人之常以其情順萬事而無情
故君子之學莫若廓然而大公物
來而順應

辛亥孟冬 青岡李東仁

편집후기

　새털 같은 바람이 불던 봄날,
　은사님께서는 퇴임을 앞두고 그동안 간간히 쓰신 글들을 모아 한 권 책을 내니 읽어 보아 달라는 말씀을 하셨다. 그런데 먼저 눈에 들어 온 것은 글의 차례(書-論-說-傳-記-詩-附錄)였다. 글을 읽기 전에는 고개가 갸우뚱, 갸우뚱! 참으로 독특한 짜임이 아닐 수 없었다.
　이런 호기심은 이내 지난 30여년의 시간을 넘나들게 했다. 원고에는 선생님의 삶과 생각이 담백한 문체로 꾸밈없이 드러나 있었다. 그리고 마치 들꽃 같은 모습으로 내게 말을 걸어 왔다. 그 곳에는 동생을 아끼는 푸릇한 청년이, 강아지와 장난스런 한 때를 보내는 일상의 소소함이, 그리고 전쟁과 환경에 대한 잔잔한 목소리가 살아 움직이고 있었다.
　「동문선」의 원고를 읽고 오탈자를 살피는 데는 오래 걸리지 않았다. 그런데 정작 편집후기를 쓰는 일은 쉽지 않았다. 며칠 동안이나 컴퓨터 앞에서 들고남을 반복했다. 좀처럼 생각의 층과 결이 잘 추슬러지지 않았다. 한 줄을 쓰고 지우고, 한 문단을 쓰고 다음 날 다시 지우고. 내게는 은사님의 퇴임을 실감하는 데 얼마간의 시간이 필요했던 것 같다. 어느덧 사십 줄에 들어선 무심하기 짝이 없는 제자의 생일을 지금도 매년 챙기시는 살뜰함을 글로 표현하기 어려웠던 것도 그 이유였을 것이다.

선생님으로부터 시간과 노력을 쌓아가는 그 성실함을 배웠다. 그런 선생님께서 퇴임 이후에도 명랑하고 건강하게 지내셨으면 좋겠다. 짧은 편집후기를 빌어 꾸벅, 감사의 인사를 드린다. (安水英)

♠

이동인교수님께서 주신 원고는 시간 가는 줄 모르고 읽었는데, 후기는 시간을 아무리 보내도 한 줄 써지지 않았다.

같은 과 제자도 아닌 나의 글이 교수님 책에 누를 미칠 것을 두려워하는 마음이 컸고 그저 열심히 살고는 있다고 자부했던 삶에 대한 부끄러운 마음으로부터 온 충격 때문이었다.

장난기 많은 웃음과 온화한 얼굴의 도날드 교수님은 그동안 쓰신 글을 통해, 내가 알고 있는 국어 문법 지식의 얕음과 사용하는 단어의 단순함과 편협함, 타인에 대한 배려와 관심의 부족함, 언행불일치의 일상에 대한 자기변명, 불성실한 내 삶의 주인정신을 기가 막힌 반전의 유머와 단호한 말투로 알려주시고 꾸짖어주시고 가르쳐 주셨다.

내가 받은 이 가슴 벅찬 감사함과 사랑, 가르침을 매일 기억하고 전하고 실천하기를 다짐한다. (柳知延)

동인잡 문선 - 이동인 글 모음 -

초판 제1쇄 찍은날 : 2014. 4. 19

지은이 : 이 동 인
펴낸이 : 김 철 미
펴낸곳 : 백산서당

등록 : 제10-42(1979.12.29)
주소 : 서울 은평구 갈현동 394-27 준빌딩 3층
전화 : 02)2268-0012(代)
팩스 : 02)2268-0048
이메일 : bshj@chol.com

※ 저작권자와의 협의 아래 인지는 생략합니다.
값 13,000원

ⓒ 이동인

ISBN 978-89-7327-493-2 03300